4권 인격적인 제자로의 성장

전인성숙을 위한 제자훈련시리즈 4
인격적인 제자로의 성장

발행 | 김선경
저자 | 심수명
기획 및 교정 | 유근준
편집 | 최정민
초판 인쇄 | 2006. 5. 3
2판 1쇄 | 2008. 3. 2
3판 1쇄 | 2015. 8.25
발행처 | 도서출판 다세움
서울시 강서구 수명로 2길 88
Tel. 02-2601-7422~4
Fax. 02-2601-7419
Home Page : www.daseum.org
총판 | 비전북
경기도 고양시 일산구 장항동 568-17
Tel. 031-907-3927
Fax. 031-905-3927

정가 5,000원

ⓒ 도서출판 다세움
ISBN   978-89-92750-33-2
　　　 (전 4권)

목 차

시작하는 글 · 4

1 인격적인 제자 · · · · · · · · · · · · · · · · · · 7
2 영적 성장 · 29
3 말의 훈련 · 43
4 사랑의 삶 · 53
5 고난의 축복 · · · · · · · · · · · · · · · · · · · 65
6 비전의 삶 · 78

부록 · 95
과제물 점검표 · · · · · · · · · · · · · · · · · · 96
성경읽기 1년 통독표 · · · · · · · · · · · · · · 97

시작하는 글

한때 미국 농구 NBA의 스타였던 켄 카터는 20여 년 만에 자신의 모교인 리치먼드 고등학교 농구부 코치로 임명됩니다. 하지만 리치먼드 농구팀은 전국 최하위팀이었습니다. 승리에 굶주린 농구팀 아이들을 구원하기 위해 그는 특이한 지도방법을 계획합니다. 체육관 안에서 속어 사용 금지, 코치에게 말대꾸 금지, 연습 시간 지각 금지, 학과 수업 시간에는 반드시 앞자리에 앉기, 경기 때에는 정장 차림에 넥타이 매고 등장하기, 성적 평균 70점 이상 받기.

카터는 이 모든 항목을 써놓은 계약서에 농구부 선수들과 그들의 부모들이 사인을 하도록 하였습니다. 못 지키면 농구부를 그만둬야 합니다. 당연히 학생들과 부모들은 결사적으로 저항하였습니다. 그러나 카터 코치는 엄격했습니다. 그의 목표는 단순히 고교 농구 시합에서 승리하는 것이 아니었습니다. 그는 농구라고 하는 도구를 통해서 인생과 삶을 아름답게 살아가도록 도우려 한 것입니다.

드디어 카터의 농구팀이 출범되었습니다. 그의 탁월한 지도력으로 최하위였던 리치먼드 팀은 승리를 거듭하였습니다. 하지만 농구부 학생들이 학업에 대한 약속을 지키지 못하자 카터는 결국 각 대학의 스카우터들이 몰려오는 중대한 시합을 포기하고 체육관을 폐쇄하였습니다. 부모들은 자기 자식들이 대학이나 기타 회사 농구팀에 발탁되어야겠기에 거세게 항의하였습니다. 이를 알고 몰려든 언론들 때문에 이 특이한 농구 코치인 카터의 이름은 미국 전역에 알려지게 되었습니다. 학교에서는 위원회를 소집하고 학부모, 학생들, 지역주민 대표들 모두가 함께 하는 공청회가 열렸으나 그들은 카터 코치의 인격적인 지도보다는 현실적인 이유를 들어 코치사임을 결의하였습니다.

그런데 놀랍게도 학생들이 카터의 사임을 반대하고 자신들의 성적이 나올 때까지 공부하겠다고 결심합니다. 그들은 열심히 공부하여 결국 모든 농구팀 멤버들이 70점 이상의 성적을 받게 됩니다. 이후 그들은 더욱 하나된 팀으로 연승가도를 달리며 캘리포니아 주 챔피언이 되는 게임까지 올라와서 최선을 다해 경기를 했지만 2점차로 지고 말았습니다.

모두 풀이 죽어 라커룸에 있을 때 코치 카터가 격려합니다.

"너희들은 정말 멋지게 경기했고, 나는 그런 너희가 정말로 자랑스럽다. 너희들은 오늘 그들의 경기가 아니라 우리의 경기를 펼쳤고, 끝까지 챔피언처럼 행동했다."고 지지해줍니다. 농구를 하나의 기술로만 보지 않고 인격적인 면으로 바라본 것은 카터의 사람됨이 어떠한지 보여주는 대목입니다.

4권 교재인 '인격적인 제자로의 성장' 은 기독교적 영성으로 살아가는 성숙한 그리스도인을 배출해내는 것이 목적입니다. 그래서 그 무엇보다 인간의 내면, 성품과 인격에 초점을 맞추어 교육하고 훈련하려 합니다.

사람의 모든 행동은 그 사람을 움직이고 있는 내면세계의 심리적 역동에 의해 좌우됩니다. 식당에 들어가 먼저 신문을 펼쳐 드는 사람, 지하철을 타자마자 팔짱을 끼고 졸기 시작하는 사람, 밥을 먹을 때 항상 국을 먼저 먹는 사람, 책을 한 번 붙잡으면 끝까지 읽는 사람 등, 극히 자연스러운 행동들 같지만 내면의 심리적 역동에 의해 조절된 행동들입니다. 그리스도인들이라 하더라도 그 행동이 성령의 이끄심에 영향을 받기보다는 자신의 습관이나 죄악된 태도에 지배받을 수 있습니다. 그러나 성도는 모든 부분에서 성경적 세계관을 가지고 믿음으로 살아가야 합니다. 이를 위해 자신의 전인을 그리스도의 말씀으로 깊이 살펴보아야 합니다.

그래서 인격적이지 못한 내면세계의 무의식이나 악을 치료하고 회개하여 하나님의 말씀 아래 굴복시켜야 하며 그분의 인격 안에 자신의 전인을 통합시켜야 하는 것입니다.

우뢰의 아들 사도요한은 예수님의 죽음과 부활 이후에 사랑의 사도가 되었습니다. 기질과 성격이 어떠하더라도 변화되려고 몸부림치면 인격이 달라질 수 있음을 보여주는 하나의 사례입니다. 기독교인에게 있어 개혁은 하나님의 형상을 이루기까지 계속되어야 하며 온전한 성장은 그리스도를 믿는 것과 아는 지식에 기초합니다. 그리고 아는 것이나 말로만 그치는 것이 아니라 궁극적인 의미를 발견하고 그것에 따라 살며, 그것 때문에 고난과 괴로움을 감수하는 진정한 실천적 가르침이 필요합니다. 결국 사랑과 인격에 기초한 교육만이 변화를 이루게 할 수 있습니다.

우리는 단순한 제자로서의 훈련이 아니라 인격적으로 변화된, 인격적인 삶이 동반되는 진정한 제자를 배출하기 위해 노력해야 할 것입니다. 인격적인 제자는 하루 아침에 만들어지지 않습니다. 그러나 끊임없이 노력하고 실패를 각오하고서라도 이 길을 계속해서 간다면 반드시 꿈은 실현될 것입니다.

비록 인격적인 제자가 많이 배출되지 않는다 하더라도 진정한 그리스도인이 이 세상을 변화시킬 것이라는 믿음을 가지고 소망 가운데 우리는 이 길을 갈 것입니다. 그리스도가 오시는 그날까지….

예수님의 제자
심 수 명

1과
인격적인 제자

인격적인 제자

전체 개요
인격적인 삶이 무엇인지를 배움으로써 인격적인 제자로 살아가는 데 필요한 토대를 다지도록 합니다.

내용 구성

❶ 인격적인 삶의 중요성
현대 사회는 기술과 지식, 능력을 중요하게 보지만 진정한 실력은 내면적 인격에서 나오기 때문에 성품을 변화시키도록 노력해야 합니다. 왜 인격이 중요한 요소인지를 돌아보며, 인격적인 삶을 위해 어느 정도 노력해왔는지 돌아보는 시간을 갖습니다.

❷ 인격적인 제자의 삶
인격적인 제자의 삶을 위해 훈련해야 할 여러 모습 중에서 정직, 겸손, 성실에 대하여 그것이 의미하는 것이 무엇인지 살펴보고, 성경 말씀을 통해서 하나님이 원하시는 수준이 무엇인지 확인하며, 어떻게 나를 훈련시켜 나갈 수 있는지 알아보고 훈련해 봅니다.

인격적인 제자

착하고 예쁘게 자라나던 당신의 딸이 십대 중반에 접어든 어느 날 "아빠, 저 임신했어요."라고 이야기하면 순간 어떤 감정을 느끼며, 어떻게 행동하시겠습니까? 아마도 일반적인 부모라면 하나님을 원망하면서 분노와 미움으로 딸을 때리거나, 아니면 쫓아내거나 마치 엄청난 태풍이 지나가듯 그 가정에 폭풍이 휘몰아쳐 올 것입니다.

빌이라는 목사님은 십대의 딸이 임신을 하자, 이로 인해 자신의 위치가 흔들리게 될 것 보다는 딸의 인격이 손상을 입지 않도록 도와주려는 마음을 먼저 가졌습니다. 그리고는 딸아이에게 "이 아빠에게 하나님께서 지금까지 한 번도 경험해보지 못한 아픔을 주시는구나."라고 자신의 심정을 얘기하였습니다. 그리고 하나님을 의지하는 마음으로 그 딸을 꼭 끌어안고 "용서하고 사랑한다."고 고백했습니다. 그런 다음 아내와 함께 서로 위로하며 기도했습니다. 그리고 빌 목사님은 다음과 같이 행동했습니다[1].

우리 내외는 점심을 먹으면서 딸애의 임신 사실을 알아야 할 사람들에게 전화를 걸었습니다. 나는 그들에게 그 기막힌 소식을 알려야 했습니다. 사람들이 한결같이 안타까움을 표현하면서 위로의 말을 건네주었습니다.

---

[1] 이 내용은 "아빠, 저 임신했어요"(빌이라는 이름을 가진 아버지 저, 1997, 줄과추)의 내용에서 일부 발췌한 글입니다.

그 다음엔 딸애가 친구들에게 전화를 거는 동안 곁에 함께 있어 주었습니다. 쉬운 일은 아니었지만, 그 아이는 잘 해냈습니다. 내가 지금 해야 할 가장 중요한 역할은 좋은 아버지, 훌륭한 남편으로 가족과 함께 있는 것입니다. 그래서 돌아오는 주일 나를 대신해서 설교해 줄 목회자를 찾았습니다. 그리고 안젤라에게 하나님과의 올바른 관계를 회복하기 위해 무슨 일을 하고 싶으냐고 물었습니다. 그때 안젤라는 참으로 고맙게 하나님과 교회의 용서를 바라며 회중 앞에서 회개하고 싶다고 말했습니다.

주일 날 우리 가족은 안젤라와 함께 앉아서 예배를 드렸고 그 애가 죄를 고백하기 위해 강대상 앞으로 나갔을 때 우리 부부 역시 그 애와 함께 교우들 앞에 섰습니다. 그때 당회원들이 다 앞으로 나와 안젤라의 곁을 빙 둘러섰습니다. 그리고 안젤라는 자신의 죄와 허물을 진심으로 고백하며 형제들의 용서를 구했습니다. 당회원 중 한 분이 이렇게 이야기하셨습니다.

"우리는 안젤라가 죄를 지었다는 것을 압니다. 그러나 안젤라가 회개하고 하나님께 용서를 구하였으므로 하나님께서 용서하셨다고 믿습니다. 그래서 우리 당회원 일동은 이렇게 여러 교우들 앞에서 우리가 이 아이를 용서했으니 여러분 역시 이 아이를 용서해 주시기를 바란다고 말씀드리려 합니다."

예배가 끝난 후 나는 안젤라를 임신하게 한 남자 친구 댄에게 전화를 걸어 그의 부모님과 만날 약속을 정했습니다. 나는 내가 그 애를 용서했고 그 애가 입은 마음의 상처와 실망을 같이 나누고 싶다고 말했습니다. 댄의 부모님들에게는 장차 여러 가지를 결정해야 하지만 현재로서는 그 첫 만남이 우리 아이들이 장래를 헤쳐 나가는 데 도움이 되도록 서로 힘을 합치는 계기가 되었으면 한다는 심경을 고백했습니다.

나는 생명은 임신하는 순간부터라는 굳은 믿음을 가지고 있었기 때문에 낙태는 꿈도 꿀 수 없었습니다. 수많은 물음이 하루 종일 내 머리를 스쳐갔습니다.

'열여섯 살 난 나의 딸 안젤라는 열일곱 살 난 소년과 결혼해야 하는가? 안젤라는 미혼모가 되어 아이를 낳아 길러야 하는가? 아니면 아이를 입양해서 친부모처럼 키워줄 크리스천 가정을 찾아보아야 하는가? 어린 딸이 무사히 출산할 수 있을까? 딸과 댄은 장차 결혼할 수 있을까? 돈 문제는 어떻게 해결하지? 안젤라 일이 다른 자녀들에게 영향을 끼치지는 않을까? 안젤라는 남자 친구보다 하나님을 더 사랑해야 한다는 교훈을 기억하고 있을까? 학교 친구들은 안젤라를 어떻게 대할까? 목사로서 내 지위는 과연 건재할까?…'

끊임없는 질문과 고뇌에도 불구하고 '사랑하는 딸에게 어떻게 하는 것이 과연 참사랑이며 인격적인 태도일까?' 고민하는 빌 목사님은 우리에게 인격적인 관계란 무엇인지를 생각하게 합니다.

📝 서문을 읽고 느낀 점은 무엇입니까?

1. 인격적인 삶의 중요성

현대사회는 거의 대부분 성공을 보는 시각을 인격(성품이나 진실)보다는 실력(인간관계의 기술)으로 보고 있습니다. 인격에 중심을 두는 교육은 사람의 내면적 본질인 성품을 변화시키기 위해 노력합니다. 그러나 성공에 초점을 두는 삶은 결과를 만들어낼 수 있는 커뮤니케이션 기술 훈련, 설득력 향상 훈련, 그리고 적극적 사고 교육 등의 요소를 더 중요하게 생각합니다. 기술 중심의 접근법이 당장 효과를 보기 때문에 실제로는 성품이나 인격보다 더 강조되고 있습니다. 그러나 가장 설득력 있는 의사전달 방법은 오히려 그 사람의 성품입니다. 에머슨은 이것을 다음과 같이 표현하였습니다.

"당신의 인격과 성품이 아주 큰 소리로 당신에 관해 설명해주기 때문에 말로 하는 소리는 잘 들리지 않습니다."

인격적인 교육을 통해 자녀를 세계적인 인물로 만든 전혜성 박사의 삶은 우리에게 도전이 됩니다. 전 박사는 1952년 남편과 함께 한국학연구소를 설립해 미국 사회에서 한국을 알리는 데 힘써 온 분으로 셋째 아들인 고홍주 교수가 예일대 법과대학 학장에 취임하였을 뿐 아니라 여섯 아이들을 모두 하버드대학과 예일대 등 명문대에 보낸 것으로 유명합니다.

전 박사는 아침마다 온 가족이 식탁에 모여 앉으면 '재승덕(才勝德)말라'를 강조하며, 재주가 있을수록 덕망을 더 높여야 한다고 가르쳤습니다. 그리고 아들 고홍주 교수가 대학 총장에 선임되었을 때도 "네가 잘 해서가 아니라 하나님이 도와주셔서 가능한 일이었던 만큼 높은 자리에 오를수록 약자를 돕고 배려하는 사람이 되어야 한다."고 당부하였습니다. 이렇듯 삶의 능력이나 기술보다 더 강조되어야 하는 것은 바로 성품, 곧 인격입니다.

그렇다면 인격적인 삶을 사는 사람에게 필요한 자질은 무엇일까요? 인격적인 삶의 중요한 덕목으로는 정직, 겸손, 성실, 언행일치, 충성, 절제, 용기, 인내, 근면, 소박, 순수함 및 신앙적 양심 등이 있습니다. 여기에 신앙적 인격의 덕목으로는 성령의 열매인 '사랑, 희락, 화평, 오래 참음, 자비, 양선, 충성, 온유, 절제'가 있습니다. 그리고 신앙적인 인격에서 가장 중요한 원칙이 있다면 그것은 변함없는 진리의 말씀인 성경의 가르침대로 사는 것입니다.

1) 이 글을 통해 깨달은 것이 있다면 무엇입니까?

2) 성령의 열매가 무엇인지 다시 한 번 살펴보고 당신에게 부족한 것은 무엇인지 적어보십시오.

📖 갈라디아서 5:22-23

2. 인격적인 제자의 삶

하나님을 중심으로 모시는 그리스도인은 앞에서 언급한 덕목들이 자신의 것이 되도록 늘 연습해야 합니다. 여기에서는 그중 세가지 덕목인 정직, 겸손, 성실을 통해 인격적인 삶을 세워나가는 법을 훈련해 봅시다. 이 세가지를 훈련해 나가다 보면 다른 덕목들도 좀 더 쉽게 연습할 수 있을 것입니다.

1) 그리스도인의 정직

　신명기 5장 20절에서 하나님께서는 "네 이웃에 대하여 거짓 증거하지 말지니라"는 계명을 주십니다. 여기에서 '거짓 증거'라고 하는 것은 원래는 법정에서 근거 없는 증언을 하는 것을 가리키는 말입니다. 그러나 성경 전체의 가르침은 이 제9계명을 일체의 악의적 거짓말과 속임수를 금하는 계명으로 이해할 수 있습니다. 거짓말, 특히 거짓 증언은 아주 악한 죄입니다. 첫 인간 아담과 하와를 죄짓게 만들고 타락시킨 것이 사단의 거짓말이었습니다. 예수님을 십자가에 못 박아 죽이는 데에 사용된 것도 거짓 증언이었습니다. 사도들의 복음전파를 방해하는 데에 동원된 것도 거짓 증언이었습니다. 거짓말은 바로 사단이 가장 즐겨 쓰는 악랄한 계교입니다. 사단을 헬라어로는 '디아볼로스'라고 하는데 그 말 자체가 '중상자' 곧 '거짓말로 다른 사람을 음해하는 자'라는 뜻입니다.
　요한복음 8장 44절에 보면 예수님께서 마귀를 가리켜 "그는 처음부터 살인한 자요 진리가 그 속에 없으므로 진리에 서지 못하고 거짓을 말할 때마다 제 것으로 말하나니 이는 그가 거짓말쟁이요 거짓의 아비가 되었음이니라"고 했습니다. 사단이 거짓의 아비라면 거짓말하는 사람들은 사단의 자식들이 됩니다. 따라서 우리는 매순간 거짓을 행하거나 말하고 있지 않은지 자신을 돌아보아야 합니다.
　지금 우리가 살고 있는 이 세상은 너무나 거짓으로 가득 찬 세상입니다. 이 거짓된 세상에서 승리하고 세상을 이기기 위해서는 그리스도인들이 더 정직하고 진실해야 합니다. 그리스도인들이 진실하지 않으면 세상의 거짓됨이 드러나질 않습니다. 이 세상의 거짓을 드러나게 하기 위해서 그리스도인들은 정직과 진실을 드러내는 삶을 살아야 할 사명이 있습니다.

① 당신 자신은 얼마나 정직하다고 생각하십니까?

② 성경에서는 정직에 대하여 어떻게 말씀하고 있는지 살펴봅시다.

📖 출애굽기 20:16

📖 신명기 25:15-16

📖 요한복음 8:44

③ 거짓에 대한 하나님의 처벌을 다음 성경구절을 통해 확인해 봅시다.

📖 히브리서 4:13

📖 요한계시록 21:8

④ 정직을 추구해야 하는 이유는 무엇인지 다음 성경구절을 읽고 답해보세요.
📖 골로새서 3:9-10

📖 신명기 6: 18-19

⑤ 정직한 사람

　미국 중부에서 아버지의 뒤를 이어 낙농을 하는 농부가 쓴 '정직'이란 글이 있습니다. 그 농부의 아버지는 젖소를 키우며 젖소에서 나오는 우유를 팔고 밀밭을 경작하며 생계를 유지했습니다. 그 당시에는 국가에서 주로 우유를 사 주었기에 그는 정부가 요구하는 규칙을 지키며 살았습니다. 그 규칙 중 하나는 우유를 팔기 2주 전부터 젖소에게는 모든 약을 끊으라는 것이었습니다. 그래서 그는 그 해에도 2

주 전부터 약이 들어 있지 않은 사료를 젖소에게 먹였고, 정확히 2주 후에 우유를 짜서 어린 아들과 함께 근처 도시의 정부 기관에 우유를 팔러 갔습니다. 그의 차례가 왔습니다. 매년 만나는 정부 관리와 농부는 반갑게 인사했습니다. 관리는 농부에게 말했습니다.

"이번에 새롭게 보낸 서류를 면밀히 읽어보셨지요? 올해부터는 약을 끊는 기간이 2주에서 3주로 변경되었습니다."

농부가 대답했습니다.

"아닙니다. 저는 그런 공문을 받은 적이 없습니다."

관리가 난처하다는 표정으로 "아마 공문이 분실되었나 봅니다… 그래도 법적으로 3주부터 순수사료만 주게 되었는데요…"

관리는 농부의 곤경을 면할 수 있는 방법이 없을까 생각했습니다.

"그럼 오늘 그런 공문을 받지 못했다는 이유를 정식으로 써서 제출하시고 가시지요. 혹시 새로운 시행령이니까 조금은 여유가 있을지도 모르겠습니다."

그러자 농부는 다음과 같이 대답합니다.

"아닙니다. 2주에서 3주로 기간을 늘린 데에는 분명 소비자들을 위한 이유가 있을 것입니다. 소비자들에게 해로운 우유를 먹게 할 수는 없지요."

그 농부의 어린 아들은 아버지 옆에서 이 모든 과정을 지켜보았습니다. '우유를 팔지 못하면 우리 집이 얼마나 어려울까' 하며 어린 마음에 걱정이 되었습니다. 그러나 그의 아버지는 어린 아들을 데리고 우유를 실은 차를 돌려 집으로 왔습니다. 그리고 그 우유들은 모두 버려졌습니다. 그 해 그의 가족은 극심한 가난으로 시달렸습니다. 그러나 그 아들은 이런 말을 남겼습니다.

"나는 하나님께 감사합니다. 정직을 말로만 가르쳤던 아버지가 아니라 정직을 몸소 실천하며 살아가셨던 아버지를 주셨기 때문입니다."

📝 **정직한 삶을 위해 당신은 어떤 일부터 시작해야 한다고 생각하는지 구체적으로 적어보십시오.**

2) 겸손

  주님은 돌아가시기 전날, 인류사 전체를 통해서 가장 놀라운 인격적인 모범을 보이셨는데 그것이 바로 세족식입니다. 예수님께서는 수건을 허리에 두르시고 몸소 제자들의 발을 씻기셨습니다(요 13:4-12). 발을 씻기는 일은 천한 종들만이 하던 일이었는데 왜 그런 비천한 일을 하셨을까요? 예수님은 몸소 놀라운 일을 행하심으로 제자들의 주의를 완전히 사로잡으셨습니다. 무릎을 꿇으시고 발을 씻겨주시던 주님의 모습은 참으로 인상적입니다.

  주인이 종의 발을 씻기는 것은 상상하기 어려운 극단적인 부조화였기 때문에, 베드로는 자신이 예수님이라면 발을 씻기지 않을 것이라고 생각했습니다. 예수님과 베드로는 지도력에 대한 전혀 다른 철학을 가지고 있었던 것입니다. 베드로는 섬기는 지도자상을 받아들이려 하지 않았고, 예수님께서는 그것을 받아들이라고 강요하셨던 것입니다. 주님께서는 "내가 너를 씻어주지 아니하면 네가 나와 상관이 없느니라"는 심한 꾸중을 하셨습니다. 이것은 "만일 네가 나의 이 일을 허용하지 않겠다면 나를 떠나라!"는 말씀과도 같습니다. 발 씻기를 거절하는 것은 그 분의 사역 방법을 거절하는 것과 같은 것입니다. 예수님께서는 이 실례를 통해서 열 두 제자에게 만일 그들이 지도자가 되기를 원한다면 겸손하게 다른 사람을 섬기는 법을 배워야 함을 가르치셨습니다.

  예수님은 제자들의 발 씻기기를 끝마치시고는 옷을 입으시고, 식탁으로 가서 앉으셨습니다. 그리고는 제자들에게 직접적인 질문을 하나 던지셨습니다. "내가 너희에게 행한 것을 너희가 아느냐 너희가 나를 선생이라 또는 주라 하니 너희 말이 옳도다 내가 그러하다(요 13:12-13)"

이 교훈의 핵심은 여기에 있습니다.

"내가 주와 또는 선생이 되어 너희 발을 씻었으니 너희도 서로 발을 씻어주는 것이 옳으니라 내가 너희에게 행한 것 같이 너희도 행하게 하려 하여 본을 보였노라(요 13:14-15)"

① 예수님의 모습을 통해 우리가 본 받아야 하는 것은 무엇입니까?

② 빌립보서 2:5-8에서 예수 그리스도는 어떻게 겸손을 보이셨습니까?

📖 빌립보서 2:5-8

③ 겸손은 깨달음이 아니라 행동의 덕입니다. 아래 말씀을 통해서 확인해 보십시오.

📖 미가 6:8

📖 요한복음 13:15

④ **겸손의 훈련**

겸손의 미덕이 우리의 삶 속에 침투되려면 다른 어떤 방법보다도 섬김의 훈련을 거쳐야 합니다. 겸손은 추구한다고 얻어지는 미덕이 아닙니다. 추구하면 할수록 그것은 점점 더 멀어져 갑니다. 내가 겸손하다고 생각한다면, 그게 바로 겸손하지 못하다는 확실한 증거입니다.

겸손을 위해 어떤 훈련이 필요할까요? 그것은 섬기는 것입니다. 섬김이야말로 겸손을 훈련하는 가장 좋은 길입니다. 예수님은 제자들에게 겸손을 가르치면서 섬김을 보여 주셨습니다. 그러므로 참 겸손은 섬김으로 나타나야 합니다. 우리의 육의 성향은 봉사를 거부하며, 숨은 봉사에 대해서는 더더욱 반대합니다. 우리의 본성은 명예와 인정을 원합니다. 그래서 자기가 행한 봉사가 주의를 끌 수 있도록 미묘하고도 아무도 모르는 방법으로 인정받는 수단을 강구해냅니다. 이러한 육의 욕망을 다스려갈 때 겸손의 미덕을 얻을 수 있을 것입니다.

📣 누가복음 14:7-11을 통해 겸손의 훈련을 생각해 보십시오.

📖 누가복음 14:7-11

📖 마태복음 20:26-28을 통해서 섬김의 의미를 찾아보십시오.

📖 마태복음 20:26-28

📖 누가복음 22:24-27에서 예수님의 제자들은 무엇을 가지고 논쟁을 하였으며 예수님의 대답은 어떤 의미를 가지고 있습니까?

📖 누가복음 22:24-27

📖 겸손에 대해 어떤 깨달음이 있으며 어떻게 적용해 보시겠습니까?

3) 성실

　다니엘 6장을 읽어보면 다니엘이 얼마나 일반 사람과 달랐는지를 알 수 있습니다. 다니엘은 훌륭한 인격의 모델이 될 수 있습니다. 다니엘은 권력을 갖춘 고위 정부 관리였습니다. 그는 80여년 동안 여러 왕과 두 제국을 거치며 뛰어난 실력을 발휘했습니다. 놀라운 사실은 다니엘의 삶 전체가 이방의 우상숭배자들을 위한 사역으로 일관되었음에도 불구하고 주님에 대한 그의 충실함은 변하지 않았다는 점입니다.
　다니엘의 노년에 다니엘이 섬기던 바벨론 제국은 페르시아인들에 의해서 정복되었습니다. 그러나 페르시아 왕 다리우스는 다니엘을 세 명의 최고 관리 중의 한 명으로 삼았습니다. 다니엘은 매우 훌륭하게 그의 직책을 수행했으므로 다리우스는 그의 지위를 더 높여 페르시아 제국 전체의 수상으로 삼으려 했습니다.
　다리우스 정부의 다른 관리들이 이 계획을 좋게 받아들일 리가 없었습니다. 만일 다니엘이 수상이 되면 그들의 부정직하고 탐욕스런 정책이 견제를 받게 될 것이라는 것을 알았습니다. 그래서 다니엘은 그들의 제거 대상 일순위가 되었습니다. 성경은 그들이 완벽한 뒷조사를 벌였노라고 기록합니다. 그들은 다니엘에 관한 모든 서류와 기록을 조사했습니다. 그리고 다니엘과 친분이 있는 사람들도 모두 심문했습니다. 그러나 이 모든 조사에도 불구하고 그들이 찾아낸 것은 아무 것도 없었습니다.
　"아무 근거, 아무 허물도 찾지 못하였으니 이는 그가 충성되어 아무 그릇됨도 없고 아무 허물도 없음이었더라(단 6:4)"
　다니엘은 허물없는 인격을 가진 사람이었습니다. 이후 그들은 새로운 시험을 하게 됩니다.

"이 다니엘은 그 하나님의 율법에서 근거를 찾지 못하면 그를 고발할 수 없으리라(단 6:5)" 이 말이 다니엘의 인격에 대해 모든 것을 말해 주고 있습니다. 그는 매수나 타협이 통할 사람이 아니었습니다. 그를 제거하려면 오직 하나님에 대한 신앙을 걸어 '고발' 할 수밖에 없었습니다. 다니엘은 그의 성실함 때문에 하나님의 사랑과 절대적인 보호하심 뿐 아니라 사람들로부터도 존경과 명예를 얻었습니다. 또한 삶의 환희와 기쁨도 누렸습니다.

① 성실이란 무엇입니까?

📖 마태복음 5:8

📖 요한1서 3:18

② 다니엘이 일반 사람들과 달랐던 점은 무엇입니까? 다니엘 6:1-28을 묵상하고 깨달은 바를 나누어 봅시다.

📖 다니엘 6:10

③ 일관된 성실성

　미국의 대 강철회사 사장인 카네기가 후계자를 지명할 때 그 회사의 중역들 중에는 두뇌가 탁월한 사람들이 많이 있었지만 카네기는 초등학교 밖에 졸업하지 않은 쉬브를 후계자로 지명하여 사람들에게 충격을 주었습니다.

　쉬브가 그 회사에 들어올 때는 정원 청소부로 들어왔습니다. 청소부로 들어온 그는 정원만 쓸지 않고 공장 안까지 말끔히 청소를 했습니다. 그는 직공으로 채용된 뒤에도 언제나 의무 이상으로 일하니까 사무원으로 발탁되었고, 사무원이 된 뒤에도 끊임없이 열심히 일하는 모습이 카네기의 눈에 띄게 되어서 그의 비서가 되었습니다. 카네기의 비서가 된 쉬브는 메모지와 펜을 들고 마치 카네기의 그림자처럼 그의 뒤를 따라 다녔습니다. 카네기가 공장 확장과 생산과정에 대한 연구를 하느라고 밤늦게까지 사무실에 있다가 집으로 돌아가려고 자기 사무실 밖을 나서면 그때까지 쉬브는 기다리고 있었습니다. 카네기가 깜짝 놀라면서 "왜 퇴근하지 않았느냐?"고 물으면 "사장님께서 저를 언제 부르실지 알 수 없는데 어떻게 자리를 비웁니까?" 하는 것이 그의 대답이었습니다.

　5리를 가자면 10리를 가겠다는 마음을 가지고 일관되며 성실하게 일한 결과 쉬브는 연봉 2만 달러일 때 백만 달러라는 거액의 보너스를 받았고, 끝내는 대 강철회사 사장이 되었던 것입니다. 카네기가 쉬브에게 사장자리를 물려주면서 "자네의 그 정신적 바탕 위에 이 회사는 성장하리라 믿네. 이 회사를 성장시키는데 학력이 문제가 아닐세. 어떤 문제에 부딪쳤을 때 일을 해결하는 정신적인 자세가 가장 중요한 것이라네. 자네에게 지식과 충고가 필요하면 박사, 석사 학위를 가진 자들을 채용하면 되니 그 점일랑 염려 말게나."라고 말하였습니다. 주어진 의무를 초월하여 다른 사람의 유익을 위하여 일관되게 봉사할 때 하나님은 넘치게 해서 돌려보내 주시는 축복을 주십니다. 이것이 성실하신 하나님의 법칙입니다.

📝 **당신의 경우 가정에서, 직장에서, 교회에서 어떻게 성실을 실천하고 있는지 나누어 봅시다.**

④ 게으른 자에 대한 경고

캐나다의 '토론토'에 새로 건설한 한 박물관은 서부 태평양의 '벤쿠버'로부터 해양 동물을 실어올 계획을 세웠습니다. 그래서 가장 알맞은 수온과 깨끗한 바닷물을 준비하고 최신식 수족관을 기차에 실어 해양 동물들을 이송하였습니다. 그러나 이상하게도 여행 초에는 건강하던 해양 동물들이 토론토에 다다를 즈음에는 거의 다 죽는 것이었습니다. 이때 한 학자가 이송 시 수족관에 '문어' 한 마리를 넣고 운반하자는 아이디어를 내 놓았습니다. 이 학자가 제안한대로 이송한 결과 과연 토론토에 도착할 때까지 한 마리도 죽지 않았습니다.

해양 동물들은 항상 위험에 노출된 환경에 있다가 갑자기 모든 위험이 사라지고 편하고 안락한 환경에 처하자 긴장이 풀리게 되었고, 그 결과 생기를 잃어 결국은 모두 죽게 된 것입니다. 그러나 문어와 함께 운반하자 그 문어의 움직임에 민감해진 해양 동물들은 자연 상태에서 유지하였던 긴장을 풀지 않았기 때문에 계속 생명을 유지할 수 있었던 것입니다. 결국 인간도 안일함과 나태함에 젖게 되면 정신적으로나 신체적으로 해이해질 수밖에 없습니다.

📝 이 글을 읽고 안일함과 게으름에 대한 당신의 생각을 말해봅시다.

📝 게으른 자에 대한 성경의 경고는 무엇인지 살펴봅시다.

📖 잠언 18:9

📖 잠언 21:25

📖 전도서 10:18

4) 인격적인 삶을 살기 위해서는 모델로 삼을 만한 사람이 있어야 합니다. 당신이 모델로 삼고 싶은 사람이 있다면 그의 어떤 점을 닮고 싶은지 적어 보십시오. 아직 없다면 왜 그런지 자신을 돌아 보십시오. 그리고 앞으로 당신은 어떤 사람이 되고 싶은지 구체적으로 적어 보십시오. 당신의 생각이 당신의 미래를 만들어 갈 것입니다.

3. 본 과를 통해 배운 것은 무엇입니까?

2과
영적 성장

영적 성장

- ### 전체 개요
  전인적인 관점에서 영적 성장이란 무엇인지 배우고 영적으로 성장하기 위한 방법과 실제를 배워 적용하도록 합니다.

- ### 내용 구성

  ❶ 영적 성장
  영적 성장이란 예수님께 깊이 뿌리를 내리고 삶의 모든 영역에서 그리스도의 말씀에 자신의 의지를 굴복시켜 나아가는 것임을 배웁니다.

  ❷ 하나님을 아는 지식
  영적 성장의 방법으로서 먼저 하나님을 알기 위해 힘쓰고 노력해야 함을 배웁니다.

  ❸ 하나님을 경험하기
  영적 성장에는 하나님을 경험하는 것이 필수적이며, 하나님을 경험하기 위해서는 그분의 음성을 듣는 것이 우선되어야 함을 배우고 적용합니다.

  ❹ 자신의 악한 모습 인정하기
  영적으로 성장하기 위해서는 자신의 실존인 악한 모습을 인정해야 변화를 수용할 수 있음을 배우게 됩니다.

  ❺ 영적 성장의 장애물
  영적 성장을 도모하는데 장애가 되는 요소 중 자신의 마음에서 나오는 소리의 실체와 자신이 부인하기 어려운 부분들을 살펴봅니다.

  ❻ 영적 성장의 열매
  하나님은 어떤 사람을 사용하시는지, 영적으로 성장했을 때 얻게 되는 열매는 무엇인지 살펴 봅니다.

영적 성장

생후 3주된 아들과 이야기를 나누고 있다고 생각해 보십시오. 아버지인 내가 아기에게 묻습니다.

"어떻게 지내고 있니?"

아기는 방긋 웃으면서 이렇게 말합니다.

"응, 아빠, 난 지금 생각중이에요. 난 지금 나의 생활을 즐기고 있어요. 자고 싶은 대로 잘 수 있고, 먹고 싶은 대로 먹을 수 있고 목욕하는 것이며 다른 모든 일들까지도 난 누워서 즐기기만 하면 남들이 알아서 다 해주거든요. 얼마나 좋아요? 그래서 난 이제 크지 않을래요. 지금보다 더 큰다는 것은 어리석은 짓일 거예요. 아빠를 보세요. 아빠 커가실 수록 책임만 더 많아지잖아요."

아기의 말에도 일리가 있습니다. 그러나 이 아기의 말을 듣고 기뻐할 아버지가 어디에 있겠습니까? 아마 다음과 같이 말하고 싶을 것입니다.

"아기야, 난 지금까지 40년 이상을 살아왔는데, 인생이란 살면 살수록 즐거운 것이란다. 물론 언제나 평탄한 건 아니야. 하지만 삶에 대한 도전은 언제나 신선하고 즐거움을 선물한단다. 그래서 인생은 좀 더 큰 과제를 향해 도전하는 모험을 즐기는 거란다. 인생의 모험 중 가장 귀한 것은 사람을 사랑하기에 책임을 지고 그들과 함께 미래를 꿈꾸는 것이란다. 넌 인생의 깊은 신비를 모르기 때문에 두려운 마음만 가지고 있는 거야. 그리고 만약 네가 자라지 않는다면 그것은 병든 것이고 그 병은 다른 병과 달리 추하고 역겨운 모습을 가지게 된단다. 만일 네가 자라지 않으면 엄마와 아빠는 너의 어리석음을 치료하기 위해 노력할 것이고 그 과정에서 너는 말할 수 없는 괴로움과 고통, 고독을 견디어야 할 거야. 그러니 자라지 않겠다는 마음을 버리고 행복한 삶을 위해 자라거라. 그건 그만한 가치와 축복이 있단다."

토저 목사는 오늘날의 교회에 세 가지 문제가 있다고 말합니다. 첫째는, 믿는 자가 성장하지 않고 항상 어린 아이로 머물러 있어서 살만 찌는 것이며 둘째는, 믿는 자가 교회 안에서 마땅히 해야 할 일을 하지 않고 오직 참관만 하는 것이고 셋째는, 믿는 자가 서로 일치되지 않고 분열과 다툼만 일삼는 것이라고 하였습니다. 토저 목사는 이것이 오늘날 교회의 심각한 문제라고 지적하면서, 영적 성장의 중요성을 강조하였습니다.

서문을 읽고 느낀 점은 무엇입니까? 당신은 자라고 싶지 않은 아기와 같은 마음은 없었는지요?

1. 영적 성장

영적 성장이란 무엇입니까? 그것은 죄에 대한 욕심이나 유혹이 없는 것이 아니라, 오직 예수님을 대장으로 모시고 나는 그분의 졸병이 되는 것입니다. 즉, 주인 되신 예수 그리스도께서 요구하시고 명령하시는 대로 순종하며 실천하는 것이 성숙이요, 성장입니다. 따라서 성장의 척도는 그가 얼마나 자기 뜻대로 살지 않고 삶의 모든 영역을 그리스도의 말씀대로 자신의 의지를 굴복시켜 나아가느냐 하는 데 있습니다. 다시 말하면 하나님과 나 사이에서 하나님의 말씀대로 점점 많이 순종하는 분량만큼 성숙한 것이요, 나 자신의 욕구와 정욕대로 사는 만큼 덜 성장한 것입니다. 영적 성장이란 철저히 주님을 왕으로, 주인으로 삼고 살아가는 것입니다.

영적 성장이란 영성의 실체이신 예수님께 깊이 뿌리를 내리는 것입니다. 예수님께 나의 삶을 굴복시키기 위해 노력하며 주님의 사랑과 긍휼에 풍성하신 하나님의 은혜에 깊이 들어가는 것입니다. 그리고 위에서 임하는 능력을 사모하면서 동시에 내면에서 일어나는 정욕과 게으름, 불신과 이기적인 마음들을 다스려 내면적 선을 점점 키워가는 것입니다. 영적으로 성장한다는 것은 영성이 깊어진다는 것이며 이것은 나의 영혼이 하나님의 깊은 세계로 들어가서 점점 더 그리스도의 사람으로 동화되는 것입니다. 이러한 영적 성장의 길은 나의 존재 위에 임하는 능력이라기보다는 내 인격 전체에 스며드는 하나님의 역사입니다. 그때 영혼의 질이 변화되고, 그 내면에서 혁명이 일어납니다. 이것은 단시간에 이루어지지 않으며 장시간에 걸쳐 내면에 감추어진 깊은 영혼이 하나님의 성품으로 변화되는 작업입니다.

1) 영적 성장이란 무엇인지 자신의 말로 정리해 봅시다.

2) 영적 성장에 대해 다음 성경구절을 읽고 자신의 말로 써보세요.

📖 골로새서 2:6-7

2. 하나님을 아는 지식

호세아 선지자는 "내 백성이 지식이 없으므로 망하는도다 네가 지식을 버렸으니 나도 너를 버려 내 제사장이 되지 못하게 할 것이요 네가 네 하나님의 율법을 잊었으니 나도 네 자녀들을 잊어버리리라(호 4:6)"고 외쳤습니다. 호세아가 말한 지식은 하나님을 아는 지식입니다. 하나님을 아는 지식이 없을 때 인간은 망하고 영원히 멸망 가운데 거하게 될 것입니다. 인간은 하나님을 아는 것만큼 성장합니다. 하나님을 아는 지식의 크기만큼 그 인생의 크기가 결정됩니다.

어린 아이가 쉽게 유혹에 빠지는 것은 분별력이 없기 때문입니다. 분별력이 없을 때 성장을 기대할 수 없습니다. 사람을 분별하고, 생각을 분별하고, 영의 세계를 분별하는 것은 영적 세계에서 아주 중요합니다. 바울은 "형제들아 지혜에는 아이가 되지 말고 악에는 어린아이가 되라 지혜에 장성한 사람이 되라(고전 14:20)"고 말합니다. 분별력의 질에 따라 성숙도가 결정되는데 가장 중요한 분별력은 하나님을 아는 지식에서 비롯됩니다.

1) 영적 성장을 위해 어떻게 해야 합니까?

📖 에베소서 4:14

📖 호세아 6:3

2) 하나님을 알기 위해 당신은 어떻게 노력하고 계십니까?

3. 하나님을 경험하기

   스테인 글라스의 거장인 찰스 코닉은 어느 날 젊은 미술학도의 방문을 받았습니다. 그 젊은 미술 학도는, "선생님의 화구를 며칠만 빌려 주십시오. 제가 찰스 코닉이 된 기분으로 스테인 글라스 하나를 그려 보겠습니다."고 말했고, 찰스 코닉은 그의 화구들을 빌려 주었습니다.

며칠 후 코닉은 그 학생을 방문하였습니다. 그런데 그 학생의 말이 코닉의 화구를 써도 역시 작품이 잘 안된다는 것이었습니다. 그때 코닉은 이렇게 말했습니다.

"스승의 도구가 자네를 변화시킬 수 없네. 스승의 정신과 능력이 있어야 하네."

진정한 그리스도인은 그리스도인으로서의 무늬만 입었다고 그리스도인이 되는 것이 아닙니다. 그리스도의 말씀과 정신, 그리고 능력이 온전히 내 것이 될 때 진정한 그리스도인이 되는 것입니다. 이를 위해서 하나님이 나에게 하시는 말씀이 무엇인지 귀기울여 들어야 합니다. 하나님의 사람이 된다는 것은 하나님의 말씀을 듣는 귀를 개발하는 것입니다. 하나님은 우리에게 말씀하시길 원하십니다.

폴 틸리히는 "사랑의 첫째 의무는 듣는 것이다."라고 말했습니다. 헨리 나우웬은 "예수님은 몸 전체가 귀였다."고 말했습니다. 예수님은 온 몸으로 하나님의 음성을 들으시고, 순종하셨습니다. 우리도 온 몸과 마음을 다해 하나님의 말씀을 듣기 위해 노력해야 합니다.

1) 나의 경우 어떻게 하나님을 경험하고 하나님의 말씀을 들으며 살고 있는지요?

4. 자신의 약한 모습 인정하기

어떤 분이 꿈을 꾸었습니다. 꿈에서 이상하게 생긴 괴물이 자꾸 따라다니면서 자기를 괴롭힙니다. 시장에서 장사하는 데에도 따라와서 괴롭히고, 어디 가서 강연을 하면 그 앞에 서서 괴롭히고, 일거수일투족마다 졸졸 쫓아다니면서 괴롭힙니다. 마침내 그의 결혼식장까지 쫓아와서는 신랑 신부 사이에 서 가지고 괴롭힙니다. 너무 기가 막히고 화가 난 나머지 그는 "넌 누구냐?" 하면서 그 괴물이 쓰고 있는 가면을 벗겼습니다. 그랬더니 그 가면 속 얼굴은 바로 자기 얼굴이었다고 합니다.

세상에서 가장 알 길이 없는 것이 마음입니다. 바다 속에는 모든 오염된 쓰레기들이 가득 수장되어 있듯이 인간의 마음도 마찬가지입니다. 부모의 모습에서 유전된 것도 쌓여 있고, 원죄도 있고, 수많은 상처와 고통과 아픔과 부정적인 사건들이 쓴 뿌리를 만들어갑니다. 육체의 감옥보다 더 무서운 것, 그것은 바로 마음의 감옥이 나를 가두고 있는 것입니다.

소설 '지킬 박사와 하이드'에 나오는 것처럼 인간에겐 지킬 박사와 같은 선한 모습도 있고, 하이드와 같은 흉악한 모습도 있습니다. 사람은 늘 이중성이 있습니다. 그래서 사람의 마음속에는 착한 마음도 있고, 악한 마음도 있습니다. 그래서 우리가 악한 마음을 잘 다스리지 못할 때 문제가 생깁니다. 그렇기에 우리는 이 연약한 모습을 주님 앞에 고백하고 주님의 도움을 구해야 합니다. 성령의 만지심으로 인하여 나타나는 거룩한 성화와 하나님을 앎으로 나타나는 삶의 자유가 내 마음 깊은 곳에서 불같이 일어나야 합니다. 이러한 은혜가 지속되기 위해 우리는 이렇게 기도해야 합니다.

"성령이여, 내 마음을 주장하여 주시옵소서. 내 안에서 나도 모르게 일어나는 쓴 뿌리들을 치유해 주시옵소서."

1) 다음 성경구절을 보며 내 안에 이러한 악의 모습들이 있는지 찾아봅시다.

📖 로마서 1:28-32

2) 회개하는 마음으로 자신의 어리석음과 악을 살펴봅시다.

5. 영적 성장의 장애물

　인생길의 첫 장애물은 자신이 세워놓은 정신적인 자기 마음의 장애물입니다. 내 마음의 장애물은 남이 세워놓은 것이 아닙니다. 내가 만들어 놓은 내 마음의 장벽과 장애물 때문에 스스로 억눌려서 자유하지 못합니다. 결국 영적 성장의 가장 큰 장애물은 자신에게 집중하려는 자기중심성과 자신 내부에 있는 찌꺼기들이 하나님께 집중하지 못하도록 하는 것입니다. 그래서 영적으로 성장하고 싶은 사람은 자신에게 집중하기보다 하나님께 집중하려고 해야 합니다. 하나님 앞에 주리고 목마른 심정으로 하나님을 갈망하고, 자기에 대해 침묵하고 하나님을 온전히 바라보는 마음을 가져야 합니다. 자기에 대해 침묵하는 것은 영혼의 찌꺼기를 버리는 시간입니다. 침묵을 통해서 죄를 깨닫게 됩니다. 그러므로 영적 성장의 장애물 가운데 하나는 소음입니다. 그리고 외적 소음보다 더 경계해야 할 것은 내적 소음입니다. 무엇이 내적 소음을 만들어 냅니까? 세상을 사랑하는 육의 생각이 하나님과 원수가 되는 내적 소음을 만들어 냅니다. 육의 소리를 잠잠케 하는 것이 침묵입니다. 그 침묵 속에서 육의 생각은 영의 생각으로 변화됩니다. 육의 찌꺼기를 버릴 때 영혼은 배고픔을 경험합니다. 그 거룩한 배고픔은 하나님을 사모하는 것으로 나타납니다.

하나님께 향하려는 마음은 자기 존재를 부인하는 데서 시작됩니다. 자기를 부인할 때 하나님의 능력이 임하게 됩니다. 자기 부인이란 자기의 욕망이나 야심을 버리고, 돈, 쾌락, 권력을 포기하고 나를 위해 죽으신 예수님을 사랑하는 것입니다. 자기 성취나 자기실현이 아니라, 하나님의 뜻을 성취하고 실현하는 하나님의 사람, 이런 사람이 바로 날마다 자신을 부인하고 예수님을 좇는 진정한 예수의 제자입니다 (막 8:34).

1) 다음 말씀을 보고 나에게 들려오는 외적 소음과 내적 소음은 무엇인지 생각해 봅시다.

📖 로마서 8:5-6

2) 당신이 자기 부인하기 힘든 부분은 어떤 것들인지요?

6. 영적 성장의 열매

　하나님은 우리에게 아름다운 꽃이 되라고 말씀하지 않으시고 열매를 맺으라고 말씀하십니다. 꽃은 아름답고 향기로우나 그 속에 생명이 없습니다. 하지만 열매 속에는 생명이 있습니다.
　꽃은 사람들의 인기와 같고 평판과 같습니다. 꽃은 사람들의 관심을 끕니다. 그러나 열매는 자신을 위해 존재하지 않습니다. 많은 사람은 꽃피우기를 소원하며 사람들의 관심과 선망의 대상이 되길 원합니다. 하나님은 인기를 위해 우리를 부르신 것이 아니라 생명력 있는 인격의 열매를 맺기 위해 부르셨습니다.
　하나님은 어떤 사람을 통해서 역사하십니까? 자신의 그릇을 과시하는 사람이 아니라 그릇 안에 임하시는 하나님을 높이는 사람입니다. "하나님은 자기를 의지하기에 충분히 연약한 자를 사용하신다."고 허드슨 테일러는 말했습니다. 그릇의 크기나 모양이 중요한 것이 아닙니다. 문제는 그릇의 정결함입니다. 하나님의 능력은 깨끗한 그릇에 충만히 임하십니다. 자신을 의지하거나 육신의 힘을 의지하지 않고, 오직 하나님의 능력만을 의지하는 사람을 통해서 하나님은 놀라운 일을 이루십니다.

1) 어떤 사람이 영적으로 성장할 수 있다고 성경은 말씀하고 계십니까?

📖 마태복음 5:6

2) 하나님은 어떤 사람을 통해 역사하십니까?

📖 누가복음 6:19

3) 영적 성장의 열매는 무엇입니까?

📖 열왕기상 4:29

4) 당신은 영적으로 성장하여 성숙한 사람이 되고 싶은 열망이 가득하신지요?

7. 본 과를 통해 깨달은 점은 무엇입니까?

3과
말의 훈련

말의 훈련

전체 개요
신앙 인격의 진정한 성숙은 혀를 다스릴 때 이루어지므로 말의 영향력을 깨닫고 긍정적인 말의 습관을 가지도록 합니다.

내용 구성

❶ 긍정적인 말의 힘
말의 힘이 얼마나 위력이 있는지 긍정적인 말 한마디로 인생이 바뀐 예를 들어 설명합니다. 말은 곧 그 사람의 인격이기에 자신 안에 있는 죄성을 온전히 회개하고 겸손하게 자신을 돌아볼 때 자신을 향해서나 타인을 향하여 긍정적인 말을 할 수 있음을 깨닫게 합니다.

❷ 마음의 문제
모든 말은 그 사람의 마음에서 나오는 것입니다. 선한 말을 하기 위해서는 성령님의 인도하심에 순종하고 새로운 피조물로 거듭나야만 합니다. 우리는 진실하고 선한 말을 할 수 있음을 깨닫게 됩니다.

❸ 말의 다스림
우리들 각자의 삶 속에 비인격적인 언어 습관이 얼마나 배어있는지 살펴보고 지금까지 해 온 언어의 습관을 회개하고 바꾸기 위해 어떤 결단을 해야 하는지 적용해 봅니다.

말의 훈련

무디 신학교 학장인 죠셉 스토웰 목사의 이야기입니다. 그가 다녔던 고등학교에서는 매년 오페라를 발표하는 행사가 있었습니다. 그때마다 재능있는 학생들은 앞을 다투어 여러 부문에 참가했지만 그는 특별한 재능을 발견할 수 없었기에 오페라 무대에서 노래하는 것이 그 자신에게 어울리지 않는다고 생각했습니다.

어느 날 그 당시 음악을 가르치시던 윌슨 선생님이 흑인 하인 역을 지원해 보지 않겠냐고 물었습니다. 그리 탐나는 역은 아니었지만 세 곡을 독창하는 역할이었습니다. 그는 동의했고 오디션은 그저 평범한 수준이었으나 윌슨 선생님은 마치 천사들의 합창을 들은 것 마냥 감탄하셨습니다.

"오! 정말로 훌륭해, 완벽했다구. 너에게 그 역할이 적격이라 생각되는데 할 수 있겠지?"

그는 선생님의 말씀에 힘을 얻어 그 역할을 맡게 되었습니다.

오페라는 성공적으로 막을 내렸고 그 다음 해에도 오페라를 발표하는 시기가 다가왔습니다. 그런데 작년에 주역을 맡았던 대부분의 학생들은 이미 졸업을 했고 윌슨 선생님도 다른 학교로 전근을 가셨습니다. 그 대신 뛰어난 목소리와 음악적 이론을 겸비하신 선생님이 새로 오셨습니다.

오페라를 위한 예비심사가 시작되었을 때, 150여 명의 경쟁자들이 줄서 있었지만, 그는 오페라에 꼭 필요한 재능을 가졌다고 생각했기에 충분히 선발되리라 자신감에 차 있었습니다.

그러나 그날 그가 들은 말은 평생토록 잊지 못할 말이었습니다. 오디션이 끝났을 때, 선생님은 "누가 너보고 노래에 소질이 있다고 하더냐?"라고 물으셨던 것입니다.

그 순간 그는 일년 전의 나약한 소년으로 되돌아가 버렸으며 완전히 자신감을 잃게 되었습니다. 선생님의 거친 말은 꿈에 가득 찬 한 소년을 파괴시키기에 충분하였습니다. 그 여섯 마디의 말을 들은 이후, 약혼녀의 설득으로 다시 노래하게 되기까지 8년이란 세월을 보내야 했습니다. 이와 같이 말에는 굉장한 영향력이 있습니다.

> 서문을 읽고 느낀 점은 무엇입니까? 말로 인해 상처를 받거나 좌절한 경험이 있으신지요?

1. 긍정적인 말의 힘

다음은 정태기[1] 교수님께서 들려주시던, 어느 대학원의 여성 조교에 관한 이야기입니다. 그 조교는 키도 작고 그저 평범한 외모를 가진 여성이었으나 사람들에게 따뜻함을 주고 항상 여유 있어 보였습니다. 심지어는 목사나 전도사들까지도 그녀에게 고민을 털어놓을 정도로 신용을 얻고 있었습니다. 교수님께서 우연히 그녀와 식사를 같이 할 기회가 있었습니다.

"어떻게 그렇게 원만하게 자랄 수 있었지?"

---

[1] 치유상담 전문가, 크리스찬 치유목회 연구원 원장이다. 저서로는 「위기와 상담」, 「내면세계의 치유」 등이 있다.

"……두 마디 말 때문이었어요. 제 고향은 강원도 깊은 산골짜기예요. 우리 집은 하루 세끼 걱정을 해야 할 만큼 가난했지요. 어머니는 제가 다섯 살 때 동생을 낳다가 돌아가셨어요. 어머니가 죽자 아버지는 재혼을 하셨지요. 새엄마를 통해 동생들이 줄줄이 태어났어요. 그런데 어느 겨울날 아버지가 도박으로 땅 몇 뙈기 있던 것조차 다 날려 버리고 자책을 하시다가 농약을 먹고 자살해 버렸어요."

아버지가 돌아가신 후 그녀는 계모와 함께 찢어지게 가난한 생활을 해야만 했습니다. 워낙 가난한 집이었기에 고구마 한 개로 세끼를 때우는 일이 허다했습니다. 그녀는 엄동설한에, 그것도 강원도 첩첩 산중에서 양말 한 번 신어보지 못하고 학교에 다녔습니다. 너무 가난한 환경인지라 그녀는 주눅이 들어 있었고 친구들과도 잘 어울리지 못했습니다.

그런데 어느 날 학교 운동장을 터덜터덜 걸어가던 그녀의 처진 어깨를 붙드는 손길이 있었습니다. 담임선생님이었습니다. 1년 365일 한 번도 웃는 일이 없다 하여 별명이 '얼음 선생'인 담임선생님이 그녀를 향해 활짝 웃고 있었습니다. 그리고는 "금주야, 너는 보통 놈이 아니여!"라면서 그녀를 토닥여 주었습니다. 담임선생님의 말 한마디가 그녀의 가슴에 깊이 박혔습니다.

하루는 그녀가 청소일지를 들고 교무실에 막 들어가려는 순간 귀에 익은 담임선생님의 말소리가 들려 왔습니다.

"우리 반에 금주라는 애가 있는데 어려운 처지에서도 공부하겠다고 애쓰는 것을 보면 가슴이 뭉클해지곤 해요. 그 애 얼굴만 보면 얼마나 기특한 생각이 드는지 모르겠어요…."

그녀는 청소일지를 교무실 문 앞에 가만히 내려놓고 울면서 집으로 돌아갔습니다. 그날부터 그녀는 눈에 띄게 달라지기 시작했습니다.

우선 이상하게도 배가 고프지 않았습니다. 그 전에는 자나 깨나 먹는 것이 눈에 어른거릴 정도로 늘 배가 고팠었는데 그런 생각이 싹 없어져 버린 것입니다. 그리고 누구를 만나든 자신감과 떳떳한 기분이 들었습니다.

초등학교를 졸업한 뒤 그녀는 당돌하게 면장님을 찾아가 자신의 사정을 말하고 중학교 입학금을 꾸어 달라고 했습니다. 그녀의 용기를 기특하게 여긴 면장님이 입학금을 흔쾌히 꾸어 주었습니다. 그 다음 번의 수업료는 이웃 교회의 전도사님에게 꾸었습니다. 그리고 그 다음부터는 줄곧 장학생으로 학교를 다닐 수 있었습니다.

고생 끝에 낙이 온다고, 그녀는 마침내 시골 고등학교 개교 이래 처음으로 서울의 명문대학교에 합격하였습니다. 대학을 졸업하고 그녀는 회사에 취직을 했습니다. 그런데 그녀의 마음속에서 떠나지 않는 한 마디의 말이 그녀를 결국 대학원으로 이끌었습니다.

"금주야, 너는 보통 놈이 아니여!"

1) 당신이 들은 긍정적인 말이 있다면 그것이 무엇인지 찾아봅시다. 당신의 가슴에 있는 아주 작은 말이라도 긍정적인 메시지를 찾아봅시다.

2) 우리의 말은 어떤 좋은 목적으로 사용될 수 있습니까?

📖 시편 35:28

📖 시편 145:10

3) 우리의 말을 통해 사람들에게 어떤 축복을 줄 수 있습니까?

📖 고린도후서 13:13

📖 잠언 12:25

📖 잠언 15:1

2. 마음의 문제

어떤 이들은 입에서 계속 되풀이되는 잘못된 말을 살피고 억제함으로 그 문제를 해결하려 들지만 사실상 우리 언어의 문제는 마음의 문제이지 혀의 문제가 아닙니다. 마태복음 15장 18절 말씀에서도 "입에서 나오는 것들은 마음에서 나오나니 이것이야말로 사람을 더럽게 하느니라"고 말씀하시면서 모든 말의 근원은 마음에서 비롯된다고 경고하고 계십니다. 그러므로 우리의 말은 우리 내면에서 무슨 일이 일어나고 있는가를 드러내 주므로 우리가 선하고 덕이 있는 말을 하기 위해서는 부지런히 나의 내면을 살펴보아야 합니다.

1) 마태복음 12:34-35에서 말에 대해 어떤 교훈을 얻을 수 있습니까?

📖 마태복음 12:34-35

2) 밝은 언어생활을 위해서는 가장 먼저 무엇을 해야 할까요?

📖 시편 51:10

📖 고린도후서 5:17

3. 말의 다스림

데이라는 사람은 그의 책 '세 황금문' 이라는 책에서 이렇게 말합니다. 사람이 어떤 말을 하든지 세 문을 통과해야 합니다. 첫 번째 문은 참말이냐 하는 것을 생각해야 합니다. 아무런 근거도 없는 말을 함부로 해서는 안되는 것입니다.

두 번째 문은 필요한 말인가를 생각해야 합니다. 이것이 참말이라 할지라도 이 말이 꼭 필요한 말인가 하는 것입니다. 아무리 진실한 말이라도 필요없는 말은 안 해야 합니다.

세 번째 문은 친절한 말인가를 생각해야 합니다. 그 말이 온유한가, 그 말을 할 때 사랑스러운 표정으로 했는가, 필요한 말일지라도 친절하게 말할 때만 좋은 열매를 맺습니다. 우리는 이처럼 말의 세 황금문을 지날수록 자신의 혀를 다스리는 성숙한 사람이 될 것입니다.

1) 다음 성경구절을 통해 그리스도인이 개발해야 할 말의 덕은 무엇이 있는지 말해 봅시다.

📖 잠언 15:23, 28

📖 이사야 50:4

📖 골로새서 4:6

2) 여태까지 살아오면서 당신이 사용했던 덕을 세우는 말은 무엇이 있는지 살펴봅시다.

3) 당신의 가족이나 가까운 사람들이 당신의 말 중에 듣고 싶어 하지 않는 말은 어떤 말일까요?

4. 본 과를 통해서 얻은 교훈은 무엇입니까?

4과
사랑의 삶

사랑의 삶

● 전체 개요

사랑의 참된 의미를 알고, 사랑을 실천하는 삶을 배우게 됩니다.

● 내용 구성

❶ 사랑의 창조성
하나님은 사랑 자체이시기에 우리도 사랑을 아는 자로, 사랑을 믿는 자로, 사랑하는 자로 재창조해 가십니다. 여기에 하나님의 창조성이 있습니다.

❷ 아가페 사랑
하나님은 우리가 사랑의 삶을 살기를 원하십니다. 그 사랑은 먼저 하나님께서 우리에게 예수님을 통해 하셨던 사랑이었습니다. 우리가 자기중심성을 벗어나 아가페 사랑을 실천하기 위해서는 사랑의 원천이신 하나님으로부터 능력과 은혜를 공급받아야 합니다.

❸ 사랑의 실천
우리는 자기중심성을 벗어나 아가페 사랑을 실천해야 합니다. 이 사랑은 온전히 자신을 주는 것, 상대의 필요에 응답하는 것, 책임지는 것입니다. '내가 너희를 사랑한 것 같이' 서로 사랑하라고 명령하신 예수님의 명령을 실천할 때 우리는 예수님의 제자가 되는 것입니다.

❹ 진실한 사랑의 영향력
세상이 무너지는 고통과 고난 속에서 진실한 사랑을 경험하는 사람은 감동과 소명으로 살아갈 수 있습니다. 이것이 진실한 사랑의 영향력입니다.

❺ 사랑의 도전
참을 수 없다고 생각하는 그 사람을 사랑할 수 있는지가 바로 사랑의 척도입니다. 사랑의 능력을 덧입을 때 우리는 사랑의 도전을 할 수 있을 것입니다.

사랑의 삶

어느 가난한 시골 목사의 집에 한 가난한 신학생이 신세를 지러 왔습니다. 이 신학생은 가난할 뿐 아니라 폐결핵을 앓고 있었습니다. 그때가 1946년이었는데, 당시만 해도 약이 부족하여 폐결핵을 다스리지 못했고 심한 전염성이 있었기에 폐병을 가진 사람이 있으면 입을 막고 재빨리 도망해버리곤 했습니다. 문병을 온 친척들 중에는 방에 들어오지 않고 복도에서 소리만 치고 돌아가 버리는 사람도 있었습니다. 폐결핵은 전염병이며 더구나 사망율이 매우 높은 병이었으므로 사람들이 무서워하는 것은 무리가 아니었습니다. 한 번 결핵을 앓으면 셋방이나 하숙도 할 수 없었습니다. 그렇게 모두가 싫어하는 병이 폐결핵이었습니다. 이런 병을 앓고 있는 가난한 신학생을 시골 목사 부부는 가족의 한 사람같이 대해 주었습니다. 집에는 어린 아이들도 있었기에 거절하려면 거절할 수도 있었으나, 이 부부는 참으로 최선을 다하여 사랑하며 정답게 대해 주었습니다. 그 신학생은 거기서 '신앙은 사랑'이라는 사실을 몸으로 체험할 수 있었습니다.

사랑이란 말로 하는 것이 아니라, 실천으로 보이는 것이라는 사실을 이 신학생은 온 몸으로 깨닫게 되었던 것입니다. 그래서 그 자신도 사랑을 실천하기로 다짐하며 살아갔습니다. 몸이 회복되면서 빈민가에 뛰어들어가서 가난하고 병든 자와 평생을 함께 살며 온 세상에 감동을 준 사랑의 전도자가 되었습니다. 이 신학생이 바로 훗날 '세계의 가가와'라고 일컬어진 유명한 인격자 가가와 도요히꼬 목사입니다. 그의 사랑의 정의는 남다릅니다.

"사랑이란 남의 실패나 실수의 뒤치다꺼리를 하는 것이다."라고 가가와 목사는 늘 말했습니다. 그것은 시골 목사 부부의 사랑을 받아오던 중에 발견한 진리임에 틀림없습니다.

📝 서문을 통해서 느낀 점을 나누어 보십시오.

1. 사랑의 창조성

성경에서는 '사랑은 여기 있으니' 라고 하면서 사랑의 원천자로 하나님을 말씀하고 있습니다. 참 사랑이 여기 있습니다. 그것은 우리가 하나님을 사랑하는 것이 아니라 하나님이 먼저 우리를 사랑하사 우리 죄를 위하여 화목제로 그 아들을 보내신 것입니다. 복음은 하나님이 우리를 사랑하신 사랑의 이야기입니다. 지금 나의 모습 이대로 내 삶이 어떠하든지 그 모습 그대로 나를 사랑하시고 용납하시는 하나님의 사랑입니다.

사랑의 하나님께서는 우리가 어떤 모습을 가지고 있다 하더라도 개의치 아니하시고 나를 있는 그대로 사랑하시고 용납하시고 받아주시는 것입니다. 바로 이 사랑을 믿고 가슴에 수용할 때에 우리에게 구원이 있고 생명이 있습니다. 하나님의 사랑은 바로 십자가 속에서 나타나고 있기 때문입니다.

우리는 원래 하나님과 원수되었던 사람입니다. 그리고 지금 현재 이 순간에도 우리 마음속에 악이 있고 상처가 있으며 분노가 있습니다. 그리고 주님이 우리를 부르실 그날까지 계속 그 모습 그대로 인생을 살아갈 것입니다. 어느 경우에도 인생은 처음부터 마지막까지 그 안에 능동적으로 자기를 사랑하고 다른 사람을 사랑할 수 있는 힘이 없습니다. 예수로 인하여 변화되어지고 점진적으로 달라지지만 마음 가운데 있는 악의 존재를 완전히 없앨 수는 없습니다. 그러나 하나님은 영원히 우리를 사랑하십니다. 그분은 끝까지 우리를 사랑하셔서 마침내 하나님의 품 안에서 온전한 사람으로 우리를 만들어 가시는 은총을 베푸십니다.

하나님께서는 당신이 사랑의 원천이시고 사랑 자체이시기에 우리도 사랑을 아는 자로, 사랑을 믿는 자로, 사랑하는 자로 재창조해 가십니다. 여기에 하나님의 사랑의 창조성이 있습니다.

1) 사랑의 원천은 누구입니까?

　　요한일서 4: 10-11

2) 사랑의 창조성은 무슨 의미인지 정리해 보십시오.

2. 아가페 사랑

　많은 사람들은 사랑하면 에로스의 사랑을 떠올립니다. 에로스의 사랑은 남녀간의 사랑으로 감정에 충실한 사랑입니다. 세상 사람들이 다 그를 배척해도 그가 너무 좋아서 내 인생과 삶, 목숨을 걸고 싶은 뜨거운 열정이 내 마음 가운데 가득한 사랑이 바로 에로스입니다. 에로스의 사랑은 사랑의 감정이 없으면 사랑할 수 있는 능력을 상실합니다. 그러나 하나님의 사랑은 아가페적 사랑입니다. 그것은 의지의 사랑이고 결단의 사랑입니다. 사랑하기로 결심했기 때문에 사랑하는 것이요, 사랑하기로 마음 먹었기 때문에 사랑하는 것입니다. 감정에 근거한 사랑이 아니라, 행동에 옮기는 사랑이 바로 아가페의 사랑입니다.

　예수님은 우리에게 사랑의 수준을 보여주고 있습니다. 그것은 하나님이 나를 아가페 한 것처럼 너희도 서로 아가페하라고 말씀하십니다. 즉 "내가 너희를 사랑한 것 같이 너희도 서로 사랑하라(요13:34; 요15:12)"는 것입니다. 우리의 사랑의 근거와 수준과 힘은 '하나님이 우리를 사랑한 것 같이'에서 나온 것입니다. 이것이 사랑의 표준입니다. 하나님이 우리를 사랑하셔서 죄인된 나를 구원하기 원하셨고 나를 영광의 나라로 인도하기 위하여 그 아들을 아끼지 않고 보내셨습니다. 그래서 주님은 우리를 위하여 십자가에 희생하셨습니다. 바로 그것이 사랑의 증거입니다. 그리고 우리에게 말씀하시기를 이런 수준으로 사랑하라 말씀하고 있습니다.

　하지만 자기 중심적인 우리가 어떻게 이런 사랑을 할 수 있겠습니까? 불가능하게 보여 절망하게 됩니다. 그 절망 가운데 우리가 해야 할 일은 하나님께 사랑을 달라고 기도하는 것입니다. 사랑의 원천은 하나님이시기 때문입니다. 그래서 우리는 하나님의 사랑을 먼저 체험해야 합니다. 바로 이것이 하나님의 은혜입니다. 이 은혜가 내 가슴에 밀려들어 올 때 내 마음 가운데에 사랑의 마음이 일어나는 것입니다. 그래서 사랑이 먼저가 아니요, 은혜가 먼저입니다. 하나님의 무궁한 사랑, 지금도 베푸시는 그 한없는 사랑, 그 놀라운 사랑이 우리의 삶 속에 부어지고 내가 그 사랑을 체험할 때에 은혜가 내 가슴에 새겨집니다. 바로 그때 다른 이를 향해 사랑의 마음이 서서히 일어나는 것입니다. 그래서 은혜가 가슴에 채워지면 사랑이 시작되는 것입니다. 사랑은 내가 하는 것이 아니라 하나님의 은혜로 하는 것입니다. 은혜 때문에 심지어 원수까지 사랑할 수 있는 마음을 가지게 되는 것입니다.

1) 아가페 사랑은 무엇입니까? 자신의 말로 정리해 보세요.

2) 아가페 사랑을 할 수 있는 원동력은 무엇일까요? 다음 성경구절을 읽고 답해 보세요.

📖 로마서 8:3-4

3. 사랑의 실천

어떻게 사랑의 삶을 살 수 있을까요? 주님은 사랑의 진정한 의미를 가르치기 위해 선한 사마리아인의 비유를 들고 있습니다. 그러면 이 비유에 나타난 사랑의 삶은 무엇을 의미할까요?

첫째, 사랑은 자신을 주는 것입니다. 자신을 준다는 것은 자신을 개방하는 것입니다. 수많은 사람들이 사랑을 주고 사랑을 받고 싶은 마음은 간절하지만 사랑을 주는 것이 너무 고되고 힘들기 때문에 어려워합니다. 그리고 거절의 상처를 두려워하여 사랑의 시작을 하지 못합니다. 사랑하려면 먼저 대상을 주목해야 합니다. 그에게 나를 주려면 그의 눈을 보고 그 사람의 내면적 소리를 들어야 합니다. 그때 그의 감정을 느낄 수 있습니다. 그러기 위해서는 먼저 자신을 열어야 합니다. 내가 먼저 나를 보여주고 내 마음을 표현하는 것, 그것이 관계의 시작이며 사랑의 시작입니다.

둘째, 사랑은 필요에 응답하는 것입니다. 우리는 이웃에게 사랑을 실천하기 원합니다. 그런데 어떻게 해야 사랑을 실천할 수 있겠습니까? 한마디로 말하면 상대방의 필요를 채워주는 것입니다. 나의 필요가 아닌 사랑할 대상의 필요를 채워주는 것이 사랑입니다.

셋째, 사랑은 책임질 줄 아는 것입니다. 사마리아 사람은 강도 만나 쓰러진 사람에게 달려가 상처를 싸매어 주었습니다. 응급처치를 한 것입니다. 그러나 그의 자선행위는 응급처치에서 끝나지 않았습니다. "가까이 가서 기름과 포도주를 그 상처에 붓고 싸매고 자기 짐승에 태워 주막으로 데리고 가서 돌보아주니라 그 이튿날 그가 주막 주인에게 데나리온 둘을 내어 주며 이르되 이 사람을 돌보아주라 비용이 더 들면 내가 돌아올 때에 갚으리라(눅 10:34-35)"

그는 책임지는 사랑을 하고 있습니다.

1) 누가복음 10:33-34절을 찾아보고 사랑의 실천이 어떻게 나타나는지 살펴보십시오.

📖 누가복음 10:33-34

2) 나의 사랑이 필요한 사람이 당신 주변에 있을 것입니다. 그를 위해 구체적으로 어떻게 다가갈 수 있을까요?

4. 진실한 사랑의 영향력

장로님 한분이 사업에 실패하여 본의 아니게 많은 빚을 지고 하루 아침에 딱한 처지가 되었습니다. 그는 아내와 자식들에게 면목이 없다는 생각에 견딜 수 없었습니다.

하루는 괴로운 마음으로 밖에 나가 밤늦게까지 배회를 하면서 이런저런 생각을 하던 끝에 '아주 이대로 집을 나가버릴까, 아니면 그만 죽어버릴까?' 라는 생각으로 고민하다가 새벽녘에 힘없이 집으로 돌아왔습니다. 그런데 집에 와보니 집 안팎으로 불을 환하게 켜 놓은 채

아내가 몸가짐을 단정히 하고서는 다소곳이 남편을 맞이합니다.

"많이 늦으셨네요?" 하고 미소를 지으며 맞이하고는 남편의 손을 꼭 잡고 방으로 인도합니다. 그리고 방석을 건네며 이렇게 말하는 것입니다.

"제가 당신에게 꼭 드릴 말씀이 있어요. 그 말을 잘 전할 수 있도록 제가 하나님께 먼저 기도드리고 나서 말씀드릴게요." 아내는 잠시 기도하고 난 후 남편에게 말합니다.

"온 세상 사람들이 모두 당신을 보고 손가락질해도 나는 당신의 진실을 믿습니다. 비록 부도가 나서 많은 빚을 졌지만 당신의 진실은 부도나지 않았다는 것을 믿습니다. 당신은 결코 나쁜 사람이 아닙니다. 뿐만 아니라 나는 당신이 다시 일어난다는 것을 확신합니다. 그 옛날 욥이 다시 하나님의 축복을 받아 일어난 것처럼 당신도 하나님의 축복을 받아 언젠가는 다시 일어날 것입니다. 그리고 저는 변함없이 당신을 사랑합니다. 그 어느 때보다도 지금의 당신을 가장 뜨겁게 사랑합니다."

아내의 진실한 사랑과 위로는 무뚝뚝한 사나이의 가슴도 울리고 말았습니다. 장로님은 자신도 모르게 흐르는 눈물에 목이 메이고 어깨를 들썩이며 울기 시작하더니 결국 목을 놓아 울고 말았습니다. 아내가 그렇게 고마울 수 없었습니다. 세상에 천사가 따로 없습니다. 자기도 모르게 아내 앞에 거듭 고개 숙여 절합니다. 마침내 이 부부는 서로 손을 잡고 웁니다. 오랜 시간이 흐른 후 남편이 말합니다.

"온 세상 사람이 다 나를 죄인으로 보는데 당신만은 나의 진실을 믿어주는구려. 나를 믿어주는 당신 때문에 나는 다시 시작할 것이오. 그리고 힘든 길도 마다하지 않고 기쁘게 감당해 보겠소."

그날 이후로 장로님은 용기를 내어 자기 사업을 수습하고 열심히 일하여 마침내 사업을 다시 일으켰습니다.

1) 당신이 실패했을 때 무조건적으로 수용되어진 경험이 있으신지요?

2) 다음 말씀을 묵상하고, 베드로의 실수를 수용하시는 예수님의 사랑을 보면서 자신에게도 적용해 봅시다.

📖 요한복음 21:15-18

5. 사랑의 도전

만화 '피넛츠'에 보면 찰리 브라운이 씩씩거리며 이렇게 말하는 장면이 나옵니다. "물론 나는 모든 인류를 사랑해. 하지만 루시는 도저히 참을 수 없어."

그러나 도저히 참을 수 없다고 생각하는 그 사람을 사랑할 수 있는지의 여부가 바로 사랑의 척도입니다. "가서 너도 이와 같이 하라 하시니라(눅 10:37)" 또한 "내가 너희를 사랑한 것 같이 너희도 서로 사랑하라 너희가 서로 사랑하면 이로써 모든 사람이 너희가 내 제자인 줄 알리라(요 13: 34-35)"는 말씀은 우리 모두에게 주시는 도전입니다. 그러나 그 누가 '내가 너희를 사랑한 것 같이' 사랑할 수 있겠습니까? 이러한 사랑은 예수님만이 하실 수 있습니다. 그러나 우리에게 사랑의 명령을 주신 그분은 명령만 하시는 것이 아니라 사랑할 수 있는 능력도 주십니다. 하늘에서 부어지는 그리스도의 영, 성령의 능력을 덧입을 때 우리는 예수님께서 말씀하신 '가서 이와 같이 사랑' 할 수 있는 것입니다.

1) 이 글을 통해 깨달아지는 것이 있다면 무엇입니까?

2) 내 주변에서 사랑하기 힘든 사람은 누구입니까? 구체적으로 이름을 기록해 보십시오. 그리고 어떻게 사랑의 도전을 할 수 있겠는지 생각해 보십시오.

6. 본 과를 통해 배운 것은 무엇입니까?

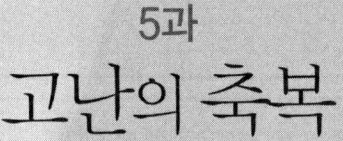

5과
고난의 축복

고난의 축복

● 전체 개요

고난을 통해 우리를 향한 하나님의 목적을 깨닫고, 고난을 받아들이며 극복해가는 과정에서 고난이 결국 축복임을 깨닫게 합니다.

● 내용 구성

❶ 하나님이 허락하시는 고난

하나님께서 이스라엘 민족에게 고난을 허락하신 것은 이스라엘을 특별한 민족이 되게 하시려는 섭리가 담겨있습니다.

❷ 고난당하는 이유를 모를 때

고난의 이유를 모를 때에라도 하나님의 선하심을 믿으며 고난 후에 주실 축복을 사모하면 하나님은 이 세상 누구도 누리지 못할 축복을 부어 주실 것입니다.

❸ 고난을 이겨낸 사람

고난과 고통 속에서 주님의 음성을 듣고 그것을 극복해 낸 사람은 하나님께 영광 돌리는 삶을 살 것이며 고난의 과정을 통해 자신이 하나님의 도구이며 축복의 통로임을 인식하게 됩니다.

❹ 고난을 극복하기

고난은 광야의 삶이지만 혹독한 광야의 삶을 걸어갈 때 인격이 변화되며 하나님을 깊이 만날 수 있습니다. 고난을 통과한 사람은 미래의 지도자가 됩니다. 그래서 하나님께서는 지도자를 세우기에 앞서 고난을 허락하십니다.

❺ 고난의 축복

고난과 역경을 하나님의 축복으로 받아들이고 선용한 사람들은 하나님께서 크게 사용하십니다.

고난의 축복

고귀한 인격은 한 순간에 아무 대가없이 만들어지지 않습니다. 고통을 통해 인격이 다듬어지는 것입니다. 그리스도 자신은 비록 그가 아들이었지만 고통으로부터 순종을 배웠습니다(히 5:8). 그러므로 그리스도인들도 똑같이 고난을 감사함으로 바라보아야 합니다. 고통 없는 삶은 피상적이며 미성숙한 사람을 만듭니다. 인격은 용광로에서 형성되기 때문입니다. 성경은 "생각하건대 현재의 고난은 장차 우리에게 나타날 영광과 비교할 수 없도다(롬 8:18)"라고 가르치며, 더 나아가 우리 안에서 역사하는 현재의 고통이 장래 영광의 시작(고후 14:17)임을 가르칩니다. 고난을 통해 우리를 거룩케 하시는 하나님의 목적을 깨달을 때 고난을 긍정적인 자세로 받아들이게 됩니다.

고난은 겸손을 가져옵니다. 그리고 하나님을 의존하게 만듭니다. 이렇게 고통의 의미는 어려운 가운데서 하나님의 음성을 들을 줄 아는 것입니다. 신앙이나 인격도 마찬가지입니다. 고통의 의미를 느낄 수 있을 때 인간의 인격은 생명력 있는 인격으로 성장해 갈 수 있습니다. 신앙은 고통과 깊은 관련이 있습니다. 인격의 성장은 고통과 비례합니다. 고통이 없이는 인격의 성장이 불가능합니다. 하나님은 아픔과 고통을 통해서 교회를 키우고, 역사를 키우고, 한 인간을 키우십니다. 인격적인 사람은 반드시 선한 결과를 낳습니다. 만약 우리의 삶이 하나님의 성품으로 가득 찬 삶이라면 그 삶은 '살아 있는 가르침'으로 하나님께 영광 돌리는 삶이 될 것입니다.

📝 **서문을 읽고 느낀 점은 무엇입니까?**

1. 하나님이 허락하시는 고난

　오래전 성지 순례를 다녀온 적이 있었습니다. 그때 냉방이 잘 된 자동차로 카이로에서 시내산을 거쳐 예루살렘으로 여행을 하면서, 이스라엘 백성은 이런 뜨거운 광야에서 어떻게 40년을 살았을까 생각해 본 적이 있었습니다.

　'하나님께서 이스라엘을 그런 혹독한 광야에서 단련시키셨기에 저들은 하나님을 의지하는 법과 어떤 환경 속에서도 살아남을 수 있는 강한 민족성을 훈련하게 되지 않았겠는가?' 하는 깨달음이 있었습니다. 구약성경은 고난을 하나님의 구원의 한 도구로 이해하고 있습니다. 하나님께서 모세를 통하여 이스라엘 자손들을 이집트에서 구원하여 내시어 광야에서 40년 동안 헤매며 고난 당하게 하신 것도 그들을 그의 택한 민족이 되게 하시기 위한 것이었습니다.

　고난을 통해 다져진 이스라엘 자손들이기에 오늘날에도 이 사막을 일구고 농사를 지어 농업 부국을 이루어 살고 있습니다. 수천 년 동안 고난의 역사를 살아온 이스라엘 민족은 정말 강인하기 이를 데 없습니다. 그뿐만 아니라 고난의 역사를 통해 저들은 하나님의 말씀을 기록으로 남겼고, 수많은 지혜의 책들을 만들어 냈습니다. 고난은 이스라엘을 구원하며 특별한 민족으로 만드신 하나님의 축복이었습니다.

1) 다음 말씀을 보면서 고난이 우리를 유익하게 하시는 하나님의 손길임이 느껴지시는지요?

📖 시편 119: 71

📖 로마서 8:18

2) 그렇지 않다면 그 이유는 무엇인지 나눠봅시다.

2. 고난 당하는 이유를 모를 때

우리는 삶을 살아가다가 매우 심각한 일을 만나곤 합니다. 살아가다가 고난을 겪지 않는 일은 아마도 불가능한 일일 것입니다. 그런데 인간은 고난의 문제를 통해서 인간됨의 가치를 발견하게 됩니다. 고난은 인간을 인간되게 하는 것이므로 고난이 모두 나쁜 것만은 아닙니다.

나에게 닥치는 고난이 왜 왔는지 모를 때 고난은 유익이 아니라 말 그 자체로 고난입니다. 욥의 경우가 그러했습니다. 욥은 그 당시에 신앙이 너무 좋아서 동방의 의인이라는 별칭을 얻었습니다. 그리고 하나님께서도 '그와 같이 순전하고 정직하여 하나님을 경외하며 악에서 떠난 자가 세상에 없느니라' 고 하시면서 욥의 신앙을 인정해 주십니다.

그런데 갑자기 욥에게 고난이 닥쳐옵니다. 욥은 하루아침에 모든 재산을 잃게 됩니다. 그리고 자녀 10명이 졸지에 죽는 말할 수 없는 고통을 당합니다. 욥은 한꺼번에 10남매를 잃어버린 최대 비극의 주인공이 되어 버렸습니다. 거기다가 그토록 사랑스럽고 평화스럽던 아내가 원수가 되어 버립니다. 가장 고통스러운 순간에 그 고통을 가장 많이 위로하고 나누어야 할 아내가 거꾸로 자신을 저주합니다. 또한 건강이 너무 악화됩니다. 성경에 보면 몸에 상처가 얼마나 심했는지 너무나 아프고 가려워서 재에 앉아 기왓장으로 자기 몸을 문질렀다고 표현되어 있습니다.

이제 욥에게 남아있는 것은 오직 하나, 생명이 붙어 있다는 것뿐입니다. 그런데 욥에게 있어서 그러한 모든 소유의 손실에서 온 고통보다도 더욱 큰 고통은 내가 왜 이런 고통을 받아야 되는지 그 이유를 모르는 것이었습니다. 사실 삶의 과정을 살펴보면 우리 자신이 고통을 받는 일은 우리 자신이 잘못을 저질렀기 때문에 오는 고통인 경우가 많습니다. 내가 죄를 지었기 때문에 그 죗 값이 오는 경우가 많습니다.

욥은 하나님이 인정할 만큼 의인으로 깨끗하고 정직하고 순결하게 살았는데도 최고의 악질스러운 사람에게나 나타나야 되는 그런 고통을 지금 받고 있습니다. 그것이 욥의 고통입니다. 욥이 끝까지 고통스러웠던 것은 고통의 이유를 모르는 고통입니다. 이때 욥이 하나님을 향해서 "하나님은 안계시다! 지금까지 내가 믿었던 하나님은 하나님이 아니다. 나는 이제부터 하나님을 믿지 않겠다!"라고 할 수 있는데도 욥은 "지금도 하나님은 살아 계시다! 지금 이 자리에 나와 함께 계시다!"라고 하면서 변함없는 신앙 고백을 하고 있습니다.

끊임없이 "왜 하나님이 나를 이렇게 고통스럽게 하실까?" "어떻게 해야 내가 하나님을 만날 수 있을까? 만약 하나님을 만나면 하나님께 그 이유를 듣고 싶은데 내가 앞으로 가도 그가 계시지 아니하고 뒤로 가도 보이지 아니하며 그가 왼편에서 일하시나 내가 만날 수 없고 그가 오른편으로 돌이키시나 뵈올 수 없구나. 그러면 나는 어떻게 해야만 좋을까?"라고 말합니다.

결국 왜 이런 고통을 당하는지 그 이유를 모르지만 하나님의 선하심을 믿으며 그 앞에 엎드려 고백하는 은총을 입게 됩니다. "내가 가는 길을 그가 아시나니 그가 나를 단련하신 후에는 내가 순금같이 나오리라(욥 23:10)"고 고백합니다. 바로 그때 하나님을 깊이 만나게 되었습니다. 그래서 욥은 "내가 주께 대하여 귀로 듣기만 하였사오나 이제는 눈으로 주를 뵈옵나이다(욥 42:5)"라고 환호하면서 고난을 통해서 더욱 하나님을 깊고 풍성하게 만난 기쁨을 고백하게 됩니다.

이것은 욥의 승리일 뿐 아니라 하나님의 승리입니다. 하나님은 욥의 믿음을 기뻐하시고 그가 고난을 통해서 더욱 성숙한 그리스도인이 된 것처럼 나에게도 여전히 다음과 같이 말씀하고 계십니다.

"너는 나의 자녀로서 이 세상의 어떤 고난의 역사 속에서도 굴복하지 아니하고 내 자녀가 될 것을 내가 믿노라!"

1) 고난의 이유를 모를 때의 고통을 경험한 적이 있으신지요?

2) 하나님을 믿는 믿음으로 인해 앞으로 욥과 같은 신앙을 유지할 수 있으시겠는지요?

　　📖 야고보서 5:10

　　📖 야고보서 5:13

3. 고난을 이겨낸 사람

　한국 최초의 맹인 박사인 강영우 박사가 정부수립 50주년 때 '자랑스런 해외동포' 네 사람 중에 한 사람으로 선정되었습니다. 강박사는 맹인이었음에도 불구하고 UN 세계장애위원회 부의장이자 미국 일리노이 대학 교수까지 지냈습니다. 강 박사는 14세 때인 1958년, 학교에서 놀던 중 갑자기 날아든 축구공에 얼굴을 맞아 병원에 입원하게 되었고 망막이 떨어져 나가면서 점차 시력을 잃게 되는 '망막박피' 라는 병에 걸렸습니다. 엎친 데 덮친 격으로 이때 아버지가 갑자기 돌아가신 데다 어머니마저 아들의 실명 소식을 듣고 충격을 받아

강박사가 퇴원한지 7일 만에 뇌출혈로 세상을 뜨고 말았습니다.
 졸지에 고아가 된 강박사는 누나가 집안일을 꾸려 나갔으나 누나마저 강박사만 남겨둔 채 2년 뒤 눈을 감고 말았습니다. 강박사는 극도의 환난 가운데서도 오직 말씀에 의지하며 하나님께 매달리기 시작했습니다. 강박사는 신앙의 힘으로 연세대 교육학과를 졸업한 데 이어 미국 피츠버그 대학에서 특수교육학 박사 학위를 받았고 마침내 미국 부시 행정부에서 차관 보급에 해당하는 전국장애인자문협회 의장에 내정되는 영예를 실현, 장애인들의 꿈과 희망이 되었습니다.
 강박사는 지금은 오히려 실명에 감사한다고 하면서 이렇게 말했습니다.
 "실명은 장애가 아니라 사명을 수행하는 도구라는 적극적인 생각으로 바뀌었습니다. 눈을 다치지 않았더라면 아내도 못 만났고, 이렇게 세계적으로 쓰이지도 못했을 것 아닙니까?"
 그는 잃은 것 하나에 집착하지 않고, 가진 열 가지에 감사하면서 산다고 했습니다. 그의 장애, 그의 고난은 하나님의 영광을 위해서 귀하게 쓰여졌습니다.

 한 불행한 음악가가 있었습니다. 그는 열 살도 되기 전에 고아가 되었습니다. 참 배고픈 소년시절을 보내야만 했었고 그가 어린 시절에 동생들을 책임져야 했기 때문에 그것이 얼마나 힘들었던지 동생들을 미워하기도 했습니다. 장성한 뒤에는 불행이 없을 줄로 생각했는데 계속 그의 삶에 불행은 다가왔습니다. 결혼한 지 13년 만에 아내가 죽었습니다. 그는 재혼할 수밖에 없었고 전부인과 둘째부인 사이에서 스무 명의 자녀를 낳았는데 그 중에 열명이 죽는 고통을 또 겪었습니다. 남은 열 자녀 가운데 하나는 정신박약아여서 평생 그 아이로 인하여 마음에 깊은 고통을 갖게 됩니다. 이 음악가는 노후에도 비참했습니다. 인생 말년에 시력을 잃었고 뇌출혈로 인하여 반신불구가 되기도 했습니다. 그러나 일생을 통하여 그 많은 고난과 좌절 속에서도 역경을 딛고 그 속에 계속 기쁨과 하나님의 은혜를 사모하며 불후의 명작을 작곡하게 되었습니다. 그는 작품마다 그의 첫머리에 '그리스도의 이름으로' 라는 말을 쓰고 작품 끝마무리에는 '오직 하나님께 영광' 이라는 이름을 썼습니다.

바로 이 사람이 그 유명한 대 작곡가 요한 세바스찬 바하입니다. 그는 고난 속에서 주의 음성을 들었고 아픔 속에서 하나님을 계속 만났습니다. 그 축복과 그 영광과 그 은혜 때문에 그의 음악은 그토록 감동적이며 듣는 이의 가슴에 그토록 큰 축복을 안겨주고 있습니다.

1) 당신 주변에 고난을 삶의 승리로 이끌어 낸 분이 있다면 그분을 통해 고난의 은혜를 나누어 봅시다.

4. 고난을 극복하기

화려한 궁중에서 모세는 지력, 체력, 그리고 세상에서 승리할 수 있는 기술을 익혔습니다. 그러나 성품을 변화시키지는 못했습니다. 궁중 교육이 모세에게 지식과 정보는 제공해 주었지만, 인격을 변화시키지 못했습니다. 그래서 하나님은 모세의 성품을 다듬어 그를 지도자로 삼기 위해 광야 훈련을 계획하셨습니다. 앞으로 원망과 불평으로 가득 찬 이스라엘 백성을 온유함으로 품을 수 있는 성품이 필요했기에 하나님은 그를 광야로 이끌어 40년을 훈련시키셨습니다. 실로 그의 인격은 광야에서 만들어졌습니다.

광야는 하나님의 사람이 변화되는 곳입니다. 당신은 광야의 외로움과 찬 바람을 아십니까? 두려움과 공포, 죽고만 싶은 마음을 넘어 죽는 것이 은총이라고 여겨지는 처절한 몸부림을 경험해 보셨는지요? 광야는 육의 사람이 영의 사람으로 변화되는 곳입니다. 광야는 육신을 의지했던 평범한 사람이 하나님을 의지하는 비범한 사람으로 변화되는 곳입니다. 그래서 광야를 두려워 말고 사랑해야 합니다.

고통 중에도 하나님의 사람들은 다른 사람들과 달랐습니다. 보통 사람들은 원망하고, 세월을 낭비할 때 하나님의 사람들은 자신의 성품뿐만 아니라 내일의 사역을 준비했습니다. 그들은 기다리면서 기도하고, 기다리면서 계획을 세우고 꿈을 키웠습니다. 요셉은 기다리는 13년 동안 소망이 없는 애굽의 감방 안에서도 애굽의 문화와 언어를 익혔습니다. 하나님이 국무 총리로 그를 사용하기에 조금도 부족함이 없도록 그의 인격뿐만 아니라 그의 실력을 쌓았습니다. 참된 실력이란 인격적 감화력을 겸한 능력을 말합니다. 다윗도 기다리는 동안 어진 왕의 덕성을 쌓았습니다. 자신의 원수까지도 품을 수 있는 아름다운 인품을 준비했습니다.

하나님은 광야에서 하나님의 음성을 듣는 귀를 열어 주십니다. 광야는 고난을 통해 하나님의 음성 듣기를 배우는 훈련장입니다. 광야에 들어가면 하나님의 음성이 크게 들립니다. C.S.루이스는 "사람에 따라서 무서운 일이 일어나기 전에는 하나님께 귀를 기울이지 않는 습성들이 남아 있다. 그러므로 고통이란 것은 귀머거리에게 알아듣도록 하는 하나님의 확성기이다."라고 말했습니다. 고통이 축복이 되는 것은 하나님의 음성을 들을 수 있기 때문입니다.

1) 당신에게 모세와 같은 고난의 시기가 있었다면 그때는 언제인지요?
   고통이 내게 축복이 되었던 경험을 함께 나누어 봅시다.

2) 고통이 다가올 때 이것이 하나님의 확성기임을 확신하며 살 수 있겠는지요?

📖 딤후 3:11

5. 고난의 축복

영국의 유명한 성경 신학자인 윌리엄 바클레이는 성지인 이스라엘을 수없이 다녀오면서 얻은 지식과 영감으로 신약성경을 사실적이고도 생동감 있게 주석한 성경 주석가로 유명합니다. 한번은 젊은 신학도가 바클레이 선생님을 찾아와서 묻습니다.

"선생님은 정말로 영감 어린 성경주석을 하시는데 그 비결이 무엇입니까?"

질문을 받은 바클레이 선생은 웃으시면서 귀에서 보청기를 꺼냅니다. 그리고 대답합니다.

"나는 귀가 아주 어둡습니다. 보청기를 꼽지 않으면 전화벨 소리도 들을 수 없을 만큼 잘 듣지 못합니다. 따라서 보청기만 빼버리면 그 어느 곳도 나에게는 도서관이 됩니다. 시끄러운 시장에서도 나는 조용하게 하나님의 말씀을 묵상할 수 있습니다. 귀가 어둡기 때문에 오히려 나는 하나님의 음성을 잘 들을 수 있고, 더 깊게 하나님의 말씀을 읽을 수 있습니다."

어거스틴은 이런 말을 합니다. "고통이란 동일하다. 고통은 다 동일한 고통이지만 고통을 받는 사람, 고통을 당하는 사람은 동일하지 않다. 악한 사람은 고통 중에서 하나님을 비방하고 원망하고 모독하지만 선한 사람은 고난을 통하여 하나님을 찾고 하나님을 알고 궁극적인 하나님을 찬양하게 된다."라고 고백하고 있습니다. 그렇습니다. 고통은 같습니다. 그러나 고통을 맞이하는 사람의 태도는 전혀 다릅니다. 무슨 고통을 당하느냐 하는 것은 중요하지 않습니다. 어떤 자세로 고난을 당하느냐 하는 태도에 따라서 전혀 결과가 달라지고 고난의 의미가 달라집니다.

빅터 프랭클도 이런 말을 합니다. "고난 속에서 삶을 포기한 사람은 고난을 저주로 생각하지만 고난 속에서 삶의 의미를 발견한 사람은 고난 그 자체가 그에게 축복이다." 그렇습니다. 삶은 누구에게나 다 동일한 고난을 안겨줍니다. 그러나 고난을 긍정적으로 보고 고난을 수용하는 사람에게 고난은 새로운 축복과 삶의 새 깨달음을 주지만 고난을 부정적으로 보는 자에게는 고난은 저주요, 고통 그 자체일 수밖에 없습니다.

성공한 사람과 보통 사람의 차이가 여기에 있습니다. 고난과 역경을 극복한 사람이 성공하기 보다 고난과 역경을 오히려 축복으로 생각하는 사람이 성공합니다. 자신의 어려운 처지를 하나님의 축복의 역사로 받아들이고 사는 사람이 하나님 앞에 크게 쓰임 받는 것입니다.

1) 이 글을 통한 깨달음은 무엇입니까? 고난을 통해 하나님께 받은 축복이 있다면 나눠보세요.

2) 다음 말씀을 묵상하고 이 말씀이 당신의 삶이 되도록 기도합시다.

📖 벧전 4:16

6. 본 과를 통해 배운 것은 무엇입니까?

6과
비전의 삶

비전의 삶

전체 개요

우리의 비전은 나를 위해서가 아니라 형제를 섬기고, 이웃을 섬기고, 세계를 섬기는 것입니다. 주님께서 주신 마지막 명령인 모든 족속으로 제자를 삼는 것이 우리의 비전이며 제자로의 삶입니다.

내용 구성

❶ 비전이란?

비전은 볼 수 있는 능력입니다. 비전은 남들이 보지 못하는 것을 명확히 보게 하며, 신념을 가지고 비전에 자신의 육체적, 지적, 정신적, 영적인 힘을 집중시켜서 자신의 잠재력을 극대화할 수 있도록 해줍니다.

❷ 비전과 하나님의 나라

비전은 세상을 변화시키는 힘이 그 안에 있습니다. 우리는 비전을 통해 하나님 나라를 섬길 수 있습니다.

❸ 비전과 도전 정신

끊임없이 도전하는 사람은 하나님 안에서 가장 멋진 주인공이 되기 위해 자신의 인생의 드라마를 써 나가는 사람입니다.

❹ 무엇을 위한 비전인가?

비전이란 자기의 야망을 위해서가 아니라 온전한 예수의 제자가 되기 위해 자신의 삶을 바치는 것이어야 합니다.

❺ 비전과 사명선언서

미래에 대한 구체적인 사명이 있는 사람에게는 사명대로 삶이 이루어집니다. 따라서 자신의 마음속에 무엇이 새겨져 있는지 생각해보고 마음속에 그리스도가 새겨져 있다면 그는 가장 소중한 것을 선택한 것임에 틀림없습니다.

❻ 꿈꾸는 사람

꿈꾸는 사람은 한시도 꿈을 잊지 않고 사는 사람입니다. 이 사람의 삶은 비전을 위한 삶이 되며 인격도 비전을 위한 인격으로 변화됩니다.

비전의 삶

잠언 29장 18절에 "묵시가 없으면 백성이 방자히 행하거니와"라고 말씀하고 있습니다. 여기서 묵시는 비전을 의미하고, 방자히 행한다는 히브리어 단어의 뜻은 신중함이나 자제력을 상실한 경거망동을 의미합니다. 비전이 없으면 인간이 경거망동하게 됩니다. 비전이 무엇입니까? 새로운 시대를 미래속에서 보는 것입니다. 그러면 어떤 새로운 미래를 미래에서 보게 될 까요? 그것은 예수님을 닮은 제자가 되는 것입니다. 이것이 분명한 비전의 그림입니다. 우리의 인격과 사역, 일과 능력에 있어서 우리는 예수님을 닮은 제자가 되는 것입니다.

내가 비전을 가진다는 것은 예수님으로 인하여 새 인생과 새 꿈을 가지는 것입니다. 이런 측면에서 우리는 오늘을 너머 내일과 먼 미래를 바라볼 수 있는 힘을 가지게 되는 것입니다. 지금 나는 부족하고, 지금 나는 연약하고, 지금 내가 무엇을 할 수 있는 아무런 힘이 없지만 그러나 하나님을 온전히 바라보고, 내 인생의 삶을 드려나갈 때에 하나님이 나를 통하여 놀라운 결과를 만들어 내는 것이 바로 비전입니다.

📜 서문을 읽고 느낀 점을 이야기 해 봅시다.

1. 비전이란?

　비전(vision)은 시력, 통찰력, 관찰력으로 번역됩니다. 즉, 눈으로 볼 수 없는 것을 볼 수 있는 능력입니다. 우리의 육안으로 볼 수 있는 것은 한계가 있습니다. 지식이 있는 사람은 지안(智眼)으로 육안(肉眼)으로는 볼 수 없는 인생의 흐름을 볼 수 있습니다. 그러나 하나님 안에서 비전을 가진 사람은 육안과 지안보다 더 높은 차원의 심안(心眼) 및 영안(靈眼)으로 볼 수 있는 능력을 갖게 됩니다. 사람은 하나님의 형상으로 창조된 특별한 존재이기 때문에 마음과 영의 눈이 열린 사람은 아직 오지 않은 미래를 볼 수 있습니다. 10년, 20년, 100년 후의 자기모습, 가정상태, 민족의 앞날을 그려볼 수 있습니다. 또한 내가 예수님의 제자로서 예수님을 닮아 그 영향력을 발휘하는 것을 바라 볼 수 있습니다. 그리고 변화된 가정과 민족을 그려봅니다. 이렇게 비전은 남들이 보지 못하는 것을 명확히 보게 하며, 비전에 자신의 육체적, 지적, 정신적 및 영적인 힘을 집중시켜서 미래적 그림이 현재의 삶 속에 자연스럽게 나타날 때까지 자신의 잠재력을 극대화할 수 있도록 해 줍니다.

　명확한 비전을 가진 사람은 긴 안목으로 인생을 설계하고 이끌어 갈 수 있습니다. 빌립보서 3장 13, 14절에는 바울이 "오직 한 일, 즉 뒤에 있는 것은 잊어버리고 앞에 있는 것을 잡으려고 푯대를 향하여 그리스도 예수 안에서 하나님이 위에서 부르신 부름의 상을 위하여 달려가노라."고 기록하고 있습니다. 바울은 천국을 보았습니다. 그 영광 안에서 예수와 함께 사는 축복을 보았습니다. 동시에 예수를 모르는 자들의 저주와 비참함과 사망의 형벌을 보았습니다. 그래서 그는 복음을 모르는 자들에게 목숨을 걸고 생명을 전해 주고자 힘쓰게 되었습니다.

   비전을 가진 사람에게는 시간이 역류합니다. 과거에서 미래의 흐름이 아니라, 미래에서 과거의 순서로 흘러갑니다. 왜냐하면 미래의 비전이 오늘을 작동시키고 오늘의 행위는 과거가 되기 때문입니다. 이러한 비전이 내 마음에 있을 때 나는 그 비전을 그림으로 그리게 되고 그것은 내 가슴에 화인처럼 박혀 강력하게 타오르며 힘을 발휘하게 됩니다.

1) 비전이란 무엇입니까?

2) 당신의 비전은 무엇입니까?

2. 비전과 하나님의 나라

   하나님의 나라는 겨자씨처럼 아주 작고 초라하게 내 안에 들어왔습니다. 그것이 있는지 없는지도 보이지 않습니다. 귀찮기만 하고 괴롭고 번거롭게만 보이기도 합니다. 그러나 그것이 마침내 내 인생과 삶을 변화시키며 역사를 만드는 주인공이 되게 합니다. 열두 명의 제자가 마침내 세계를 뒤집어 놓았습니다. 오늘 내 안에 주님을 위해 살다가 죽고 싶은 열망이 있습니까? 그것은 주님이 나에게 주시는 은총입니다. 그 중심을 바라보고 말씀을 믿고, 말씀에 내 인생을 걸고 삶을 경주할 때 마침내 우리는 놀라운 인생의 결과를 만들 수 있습니다.

자기 야망을 위해 살지 않고 비전을 위해 사는 삶, 온전한 예수의 제자가 되는 것, 땅 끝까지 복음화를 위해 내 삶과 생애를 드리는 것, 청지기로 내가 가진 모든 것을 통하여 남을 섬기는 것, 이 일을 위해서 우리의 생애와 삶을 드려나갑시다. 그럴 때에 마침내 이 땅에 하나님의 나라가 임할 것입니다. 그리고 우리가 그 나라에 입성하게 될 때 하나님께서 믿음의 선배들과 함께 우리를 뜨겁게 환영할 것입니다. 비전의 인생, 작게 시작하지만 크게 거둡니다. 조용히 시작하지만 계속 자랍니다. 그리고 세상을 변화시키는 힘이 그 속에 있습니다.

1) 마태복음 28:18-20 본문에서는 〈가서〉〈제자를 삼아〉〈세례를 베풀고〉〈가르쳐 지키게 하라〉는 네 가지 동사가 나옵니다. 그 중에 제일 중요한 동사는 '제자를 삼으라'는 것입니다. 가고, 세례를 주고, 가르쳐 지키게 하는 것은 제자를 삼기 위한 과정입니다. 우리의 최대 목표는 예수님의 제자가 되는 것이며 동시에 다른 사람을 제자 삼는 것입니다. 당신은 이것에 대해 어떻게 생각하십니까? 동의가 되시는지요?

📖 마태복음 28:18-20

2) 예수님의 제자가 되는 것이 당신의 인생에서 얼마나 중요한 일입니까?

3) 예수님의 제자가 되고, 제자를 만들라는 예수님의 명령을 얼마나 따르면서 사십니까?

   📖 디모데후서 2:2

4) 제자는 선생의 본을 따르는 사람입니다. 당신이 따라야 하는 모델은 누구라고 생각합니까?

   📖 고린도전서 11:1

3. 비전과 도전 정신

로스엔젤레스의 청소년 법원에 조지퍼 세렌티노라는 판사가 있는데 이 사람의 인생은 한편의 드라마입니다. 이분은 흑인 빈민굴에 태어나서 일곱 형제 가운데 둘째로 자랐습니다. 거리의 갱단과 폭력배가 우글거리는 환경에서 자란 그는 스무 살을 전후하여 갱생학교와

교도소와 군대 영창 등에서 복역을 했습니다. 심지어 구제불능이라는 딱지를 받아서 정신병원에까지 입원해야만 했습니다. 학교에서 네 번이나 낙제하고 삼십여 군데에 이르는 직장을 전전했지만 그는 한군데서도 성공하지 못했고, 군대에 입대했지만 해병대에서도 쫓겨났습니다. 그는 도무지 아무것도 할 수 없었습니다. 기술도 없고, 돈도 없고, 인생의 낙제생이었습니다. 권투선수가 되기 위해서 애를 썼지만 그것마저도 실패였습니다. 아무것도 못했습니다.

어느 날 에라스무스 홀 야간 고등학교 앞을 지나가다가 '누구든 입학할 수 있음'이라는 팻말을 보고 위로와 도전을 받은 그는 그 학교에 입학을 했습니다. 그리고 열심히 공부하기 시작했습니다. 마침내 그는 에라스무스 홀 야간 고등학교에서 사상 최고의 평점으로 졸업을 했습니다. 그 후 캘리포니아 주립대학 산타 바바라 분교에 입학을 했고 우등생으로 졸업을 했습니다. 졸업을 한 다음에 자기 인생을 돌아보니까 가장 큰 고통으로 남는 것이 해병대에서 불명예 전역을 한 것이었습니다. 그래서 그는 다시 해병대에 입대하여 성공적으로 전역을 한 다음에 하버드대학 법과 대학에 진학을 해서 1967년에 수석으로 졸업을 했습니다. 그는 졸업할 때에 졸업생을 대표해서 이런 감동적인 말을 남겼습니다.

"여러분, 인생은 한편의 드라마입니다. 그리고 나만의 드라마를 쓰는 작가로서 나는 그것을 쓰거나 고칠 수 있는 권리와 책임이 있습니다. 그리고 그 드라마는 내가 쓰는 방식으로 내가 전개할 수 있습니다. 나는 내게 주어진 하나님의 권리를 가지고 내 인생의 드라마를 새롭게 써나가겠습니다."

수많은 사람이 실수하고 실패하고 망신당하고 그리고 고통을 겪을 때 모든 걸 던져버리고 포기하고 싶어하지만, 그러나 그 속에서 다시 한 번 용기를 가지고 일어설 때 실패와 실수가 마침내 성공의 기회가 되는 것입니다.

1) 당신이 도전하여 성공하거나 좌절한 경험을 나누어 봅시다.

2) 수많은 실패에도 불구하고 일어선 사람들의 삶을 보며 깨달아지는 것은 무엇입니까? 자신에게 어떻게 적용해 볼 수 있겠습니까?

4. 무엇을 위한 비전인가?

'목적이 이끄는 삶' 의 저자인 릭 워렌 목사님께서는 그의 아버지의 임종에 대해 다음과 같이 소개하고 있습니다.

이 땅에서의 마지막 1주일 동안은 거의 24시간을 의식이 반밖에 없는 상태로 깨어 계셨습니다. 아버지가 숨을 거두실 무렵, 나와 아내와 조카는 아버지 곁에 있었습니다. 아버지는 갑자기 생기가 돌아오셨고 침대에서 일어나려고 하셨습니다. 아버지는 너무 약하셨기 때문에 아내는 아버지를 다시 눕혀드렸습니다. 하지만 아버지는 계속 침대에서 일어나려고 애쓰셨습니다.
그래서 아내는 이렇게 여쭤보았습니다.

"아버님, 뭘 하고 싶으세요?"

그때 아버지는 이렇게 대답하셨습니다.

"예수님을 위해 한 명을 더 구해야 해! 예수님을 위해 한 명을 더 구해야 해! 예수님을 위해 한 명을 더 구해야 해!"

아버지는 계속 반복하셨습니다. 그 후 아버지는 한 시간동안 그 말을 100번 정도 하셨습니다.

"예수님을 위해 한 명을 더 구해야 해!"

그리고는 아버지는 마치 명령을 하시듯 약한 손을 뻗어 아들 릭 목사의 머리에 얹고 말씀하셨습니다.

"예수님을 위해 한 명을 더 구해라! 예수님을 위해 한 명을 더 구해라!"

비전은 결국 무엇을 위한 것일까요? 비전은 나를 위해서가 아니라 형제를 섬기기 위해서, 이웃을 섬기기 위해서, 세계를 섬기기 위해서입니다. 만약에 내가 가지고 있는 비전이 '섬김' 에 있지 않다면, 그것은 참 비전이 아닙니다. 우리는 하나님이 나에게 주신 비전을 찾음으로, 이 땅에서 하나님의 사역의 한 부분을 담당하는 것입니다.

비전을 향한 길이 보이지 않습니까? 분명하지 않습니까? 걱정하지 마십시오. 아브라함이나 요셉도 처음에는 자신의 인생에 대한 전체적인 그림은 보지 못했으나 하나님을 만나고 자신의 삶에서 최선의 경주를 하다가 비전을 찾게 되었습니다.

중요한 것은 '오늘 내가 하나님을 바라보고 그분이 주시는 비전을 좇고 있는가? 그것을 바라보고 한발, 두발 전진하고 있는가?' 하는 것입니다. 하나님은 당신을 바라는 자에게 자신을 나타내 보이십니다.

1) 당신의 비전은 하나님이 주신 것이라는 확신이 있으신지요?

2) 당신은 영혼 구원을 위한 비전에 동참하고 싶은 마음이 있으신지요?

5. 비전과 사명선언서

　몇 해 전 미국의 한 조사기관에서 앞으로의 인생에 대해 어떤 계획을 갖느냐고 성인들에게 물어본 적이 있었습니다. 이때 응답자의 27%가 미래에 대해 별다른 계획이 없다고 말했고, 60%는 앞으로 어떻게 먹고 살 것인지 경제적인 부분을 계획해 본 적이 있다고 응답했습니다. 또 10%는 미래에 대한 계획을 세워 놓았다고 말했고, 나머지 3%는 미래에 대해 구체적인 계획을 써놓은 문서가 있다고 대답했습니다. 그리고 20년이 지난 후 조사기관이 다시 그들을 재조사 해보았습니다.

　그때 아주 흥미로운 사실이 발견되었습니다. 그것은 미래 설계의 유무에 대해 응답한 사람들의 퍼센티지와 그들의 생활 수준이 정확하게 들어맞았던 것입니다. 즉 아무런 계획도 없이 살아간다고 응답한 27%는 정부의 보조금을 받고 살아가는 극빈자였고, 먹고 사는 일을 계획해 본 적이 있다고 말한 60%는 그럭저럭 벌어먹고 사는 서민층인 것으로 드러났던 것입니다. 또 미래에 대한 계획을 세워놓았다고 응답한 10%는 미국 사회의 상류층이었고, 비전을 기록한 문서가 있다고 대답한 3%는 손꼽히는 지도층이었습니다. 당신의 비전을 글로 표현할 필요를 강하게 느끼지 않습니까?

헝가리의 축구 선수 푸스카는 이런 말을 했습니다.

"내가 공을 차고 있지 않을 때는 축구에 대해서 이야기하고 있는 때입니다. 내가 축구에 대해서 이야기하고 있지 않는 때는 축구에 대해서 생각하고 있는 때입니다. 나는 축구 외에는 아무것도 한 일이 없고, 생각한 일도 없습니다. 축구를 생각할 때가 가장 행복합니다."

이탈리아의 시인 로버트 브라우닝은, "내 가슴을 열고 보십시오. 내 가슴에는 이탈리아라는 글자가 새겨져 있을 것입니다."라고 말했습니다.

여러분의 마음을 열어 젖혔을 때 그 속에 무슨 글자가 새겨 있습니까? 마땅히 예수 그리스도의 이름이 새겨져 있어야만 할 것입니다. 예수 그리스도 그분이 여러분을 만드신 분이시기 때문입니다. 따라서 제자로서 사는 자는 예수님의 원하시는 바대로 사는 자여야 하는데 주님의 간절한 소원은 바로 '한 영혼을 구원하여 제자로 만드는 것' 입니다. 영혼 사랑, 이것을 주님이 가장 원하십니다. 우리 함께 주님의 제자가 됩시다. 주님의 제자로 사는 것은 이 세상에서 가장 영광된 삶입니다. 제자로 산다는 것은 그래서 가장 귀한 특권 중의 하나입니다.

1) 당신이 평생에 이루고 싶은 비전이 있다면 그것이 무엇인지 한 문장으로 써 보십시오. 그리고 아직 그것을 찾지 못했다면 지금이라도 기도하는 가운데 자신의 사명을 찾아보시기 바랍니다.

2) 비전을 품기에 어려운 점이 있다면 그것은 무엇입니까?

6. 꿈꾸는 사람

요셉은 본래 평범한 소년이었습니다. 허물을 고자질하는 미숙한 소년, 배운 것 없는 양치기, 문제의 가정에서 자란 상처받은 소년이었습니다. 이런 평범하면서 고통받은 사람이 비범하게 된 것은 그의 꿈 때문이었습니다. 꿈을 가진 사람은 평범하게 살기를 거절합니다. 꿈꾸는 사람은 남다른 생각, 남다른 비전을 품고 삽니다.

창세기 42장은 요셉이 형들에게 팔려간지 20년 만에 다시 만나는 극적인 장면을 묘사하고 있습니다. 요셉이 국무총리가 된 지도 7년이 지난 세월입니다. 20년이 지난 지금 요셉과 그의 형제들은 너무나 많은 차이가 있었습니다. 요셉의 인격은 무르익었고 그의 지도력은 온 세계를 다스릴 만큼 탁월했습니다. 그는 지성, 감성, 영성이 잘 조화된 인물이었으며 환경적으로도 풍요로움과 영화를 누렸습니다. 그러나 요셉의 형들은 변한 것이 없었습니다. 오히려 정탐꾼으로 몰려 죽임을 당하지는 않을까 노심초사하는 연약한 모습을 보여줍니다.

무엇이 이런 큰 차이를 만들었습니까? 그것은 꿈입니다. 꿈을 소유한 자와 소유하지 않은 자의 차이는 처음에는 작은 씨앗 같지만 갈수록 엄청난 것이 됩니다. 꿈의 사람은 '시련과 고독' 이라는 물을 마시며 눈물과 함께 성장합니다. 꿈은 인간의 전 존재에 영향을 줍니다. 꿈은 사람의 가치, 인격, 미래의 방향과 운명을 결정합니다. 꿈을 가진 사람은 가족에게 영향을 미치고 교회와 민족에게까지 그 영향력을 끼치는 것입니다. 그러므로 꿈은 선택의 문제가 아닙니다. 이것은 생과 사의 문제입니다. 꿈이 없으면 미래도 없고 성장도 변화도 없습니다.

요셉은 꿈을 소유했습니다. 꿈을 항상 생각했습니다. 그리고 꿈을 기억하며 살았습니다. 그 형제들을 20년 만에 만났어도 자신의 꿈을 기억했습니다. 9절에 "요셉이 그들에게 대하여 꾼 꿈을 생각하고…" 라고 말씀합니다. 그는 꿈을 선명하게 기억했습니다. 한번도 그 꿈을 잊은 적이 없었습니다. 꿈이 그를 움직였고, 꿈이 그를 지탱했고, 꿈이 그의 삶의 원동력이었습니다. 요셉은 꿈이 있었기에 꿈을 향해 살았습니다. 그러나 그 형제들은 꿈이 없이 살았기에 그들의 삶에는 내용이 없었고 그 인격도 변화가 없었습니다. 꿈꾸는 자와 보통 사람의 차이는 이처럼 하늘과 땅만큼이나 차이가 큰 것입니다.

잘 익은 열매가 향긋한 내음으로 세상을 채워주듯 올바른 비전을 품고 정진해 나간다면 우리의 인격은 세상을 풍요롭게 하는 향기를 품게 될 것입니다. 하나님 안에서 비전의 방향을 세워보십시오. 그리하여 당신만의 소중한 향기를 발산하십시오.

1) 이 글을 통한 깨달음은 무엇입니까?

2) '꿈은 인간의 전 존재에 영향을 준다(사람의 방향, 가치, 인격, 미래의 운명까지).'는 말에 대해 당신은 얼마나 동의하십니까? 당신의 꿈은 무엇입니까? 구체적으로 기록해 보십시오.

3) 당신은 꿈꾸는 사람입니까? 그렇다면 당신의 꿈을 생각만 해도 당신은 흥분하고 잠을 이룰 수 없을 것입니다. 당신의 꿈을 이루기 위해 어떻게 노력하겠으며 어떤 대가지불을 하시겠습니까?

7. 본 과를 통해 새롭게 깨달은 점과 느낀 점을 나누어 봅시다.

부 록

과제물 점검표
성경읽기 1년 통독표

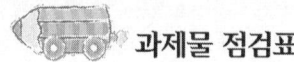 과제물 점검표

이름:

O: 과제물을 빠짐없이 했을 때   △: 일부분만 했을 때   X: 전혀 하지 못했을 때

날 짜	예 습	Q T	성경읽기	기 도

성경읽기 1년통독표

1월			2월			3월		
날짜	읽을 성경	확인	날짜	읽을 성경	확인	날짜	읽을 성경	확인
1	창세기 1-3		1	레위기 14-16		1	여호수아 12-14	
2	4-6		2	17-19		2	15-17	
3	7-11		3	20-22		3	18-20	
4	12-14		4	23-24		4	21-23	
5	15-17		5	25-26		5	24-사사기2	
6	18-20		6	27-민수기 2		6	3-5	
7	21-23		7	3-7		7	6-10	
8	24-26		8	8-10		8	11-13	
9	27-29		9	11-12		9	14-16	
10	30-34		10	13-15		10	17-19	
11	35-37		11	16-18		11	20-룻기 1	
12	38-40		12	19-21		12	2-4	
13	41-43		13	22-24		13	사무엘상 1-3	
14	44-46		14	25-29		14	4-8	
15	47-49		15	30-34		15	9-11	
16	50-출애굽기 2		16	35-신명기 3		16	12-14	
17	3-7		17	4-8		17	15-17	
18	8-10		18	9-11		18	18-20	
19	11-13		19	12-14		19	21-23	
20	14-16		20	15-17		20	24-26	
21	17-19		21	18-22		21	27-31	
22	20-22		22	23-25		22	사무엘하 1-3	
23	23-25		23	26-28		23	4-6	
24	26-30		24	29-31		24	7-9	
25	31-33		25	32-34		25	10-12	
26	34-36		26	여호수아 1-3		26	13-15	
27	37-39		27	4-6		27	16-18	
28	40-레위기 2		28	7-11		28	19-23	
29	3-5		29			29	24-열왕기상 2	
30	6-8		30			30	3-5	
31	9-13		31			31	6-8	

성경읽기 1년통독표

4월			5월			6월		
날짜	읽을 성경	확인	날짜	읽을 성경	확인	날짜	읽을 성경	확인
1	열왕기상 9-11		1	30-32		1	시편 29-31	
2	12-14		2	33-스가랴 1		2	32-34	
3	15-17		3	2-4		3	35-37	
4	18-22		4	5-7		4	38-40	
5	열왕기하 1-3		5	8-느헤미야 2		5	41-42	
6	4-6		6	3-5		6	43-47	
7	7-9		7	6-8		7	48-50	
8	10-12		8	9-11		8	51-53	
9	13-15		9	12-에스라 3		9	54-56	
10	16-18		10	4-6		10	57-59	
11	19-23		11	7-9		11	60-63	
12	24-역대상 1		12	10-욥기 2		12	64-66	
13	2-4		13	3-5		13	67-71	
14	5-7		14	6-8		14	72-74	
15	8-10		15	9-11		15	75-77	
16	11-12		16	12-16		16	78-80	
17	13-15		17	17-19		17	81-82	
18	16-20		18	20-22		18	83-85	
19	21-23		19	23-25		19	86-88	
20	24-26		20	26-27		20	89-93	
21	27-29		21	28-30		21	94-96	
22	역대하 1-3		22	31-33		22	97-99	
23	4-6		23	34-38		23	100-102	
24	7-9		24	39-41		24	103-105	
25	10-14		25	42-시편 4		25	106-108	
26	15-17		26	5-8		26	109-111	
27	18-20		27	9-12		27	112-118	
28	21-23		28	13-16		28	119	
29	24-26		29	17-19		29	120-122	
30	27-29		30	20-25		30	123-125	
31			31	26-28		31		

성경읽기 1년통독표

7월			8월			9월		
날짜	읽을 성경	확인	날짜	읽을 성경	확인	날짜	읽을 성경	확인
1	시편 126-128		1	27-31		1	7-9	
2	129-131		2	32-34		2	10-12	
3	132-134		3	35-37		3	13-15	
4	135-139		4	38-40		4	16-18	
5	140-142		5	41-43		5	19-23	
6	143-145		6	44-46		6	24-26	
7	146-148		7	47-49		7	27-29	
8	149-잠언 1		8	50-54		8	30-32	
9	2-4		9	55-57		9	33-35	
10	5-7		10	58-60		10	36-38	
11	8-12		11	61-63		11	39-41	
12	13-15		12	64-66		12	42-46	
13	16-18		13	예레미야 1-3		13	47-다니엘 1	
14	19-21		14	4-6		14	2-4	
15	22-24		15	7-11		15	5-7	
16	25-27		16	12-14		16	8-10	
17	28-31		17	15-17		17	11-호세아 1	
18	전도서 1-5		18	18-20		18	2-4	
19	6-8		19	21-23		19	5-9	
20	9-11		20	24-26		20	10-12	
21	12-아가서 2		21	27-29		21	13-요엘 1	
22	3-5		22	30-34		22	2-아모스 1	
23	6-8		23	35-37		23	2-6	
24	이사야 1-3		24	38-40		24	7-요나 1	
25	4-8		25	41-43		25	2-4	
26	9-11		26	44-46		26	미가 1-5	
27	12-14		27	47-49		27	6-나훔 1	
28	15-17		28	50-52		28	2-하박국 1	
29	18-20		29	예레미야 애가 1-5		29	2-스바냐 1	
30	21-23		30	에스겔 1-3		30	2-학개 2	
31	24-26		31	4-6		31		

성경읽기 1년통독표

10월			11월			12월		
날짜	읽을 성경	확인	날짜	읽을 성경	확인	날짜	읽을 성경	확인
1	스가랴 1-3		1	18-20		1	2-4	
2	4-6		2	21-사도행전 2		2	데살로니가전서 1-3	
3	7-11		3	3-5		3	4-데살로니가후서 1	
4	12-14		4	6-8		4	2-디모데전서 1	
5	말라기 1-3		5	9-11		5	2-4	
6	4-마태복음 2		6	12-14		6	5-디모데후서 1	
7	3-5		7	15-19		7	2-4	
8	6-8		8	20-21		8	디도서 1-3	
9	9-11		9	22-23		9	히브리서 1-3	
10	12-16		10	24-26		10	4-6	
11	17-19		11	27-로마서 1		11	7-9	
12	20-22		12	2-4		12	10-야고보서 1	
13	23-25		13	5-7		13	2-4	
14	26-28		14	8-12		14	5-베드로전서 1	
15	마가복음 1-3		15	13-15		15	2-4	
16	4-6		16	16-고린도전서 2		16	베드로후서 1-3	
17	7-11		17	3-5		17	요한일서 1-3	
18	12-14		18	6-8		18	4-5	
19	15-누가복음 1		19	9-11		19	요한이서 1	
20	2-4		20	12-14		20	요한삼서 1	
21	5-7		21	15-고린도후서 1		21	유다서 1	
22	8-10		22	2-4		22	요한계시록 1-3	
23	11-13		23	5-7		23	4-5	
24	14-18		24	8-10		24	6-7	
25	19-21		25	11-13		25	8-9	
26	22-24		26	갈라디아서 1-3		26	10-11	
27	요한복음 1-3		27	4-6		27	12-13	
28	4-6		28	에베소서 1-5		28	14-15	
29	7-9		29	6-빌립보서 2		29	16-17	
30	10-12		30	3-골로새서 1		30	18-19	
31	13-17		31			31	20-22	

저자 소개

심 수 명 (Ph.D., D.Min.)

한밀교회를 개척하여 상담목회를 적용하고 있는 저자는 상담 전문가이며 신학과 심리학, 상담과 목회현장을 아우르는 학자이며 목회자입니다. 저자는 치유와 훈련, 목회를 마음에 품고 한 영혼의 전인적인 돌봄, 부부관계 회복, 비전있는 자녀교육, 건강한 교회세움, 상담전문가 양성 등에 헌신해 왔습니다. 그 노력의 일환으로 제자훈련 시리즈, 목회를 위한 교재, 상담 훈련용 교재들을 출판해 왔습니다.

"기독교상담적 관점에서 본 정신역동상담"이 문화체육관광부 우수학술도서로 선정되고, 「목회와 신학」에서 한국교회 명강사(상담분야)로 선정되는 등 한국교회와 사회에 영향력을 끼쳐 왔습니다.

안양대와 총신대(신학), 고려대(석사, 상담심리)와 미국 풀러신대에서 목회상담학 박사와 국제신대에서 상담학 철학박사 학위를 취득하였습니다.

상담자격은 한국 목회상담협회 감독, 한국 복음주의 기독교상담학회 감독상담사, 한국 기독교 상담 및 심리치료학회 상담전문가, 한국가족상담협회 수련감독으로 활동 중입니다.

여성부 정책자문위원으로 활동했으며, 오랫동안 국제신대 상담학 교수로 사역했습니다. 현재 한기총 다세움목회대학원 원장, (사)한국인격심리치료협회 대표로 일하고 있습니다.

● 대표저서
「상담목회」(도서출판 다세움), 「인격치료」(학지사), 「한국적 이마고 부부치료」(도서출판 다세움), 「그래도 삶은 소중합니다」(도서출판 다세움), 「정신역동상담」(도서출판 다세움) 외 다수

● 이메일 : soomyung2@naver.com
● 연락처
- 한밀교회 : 02) 2605-7588, www.hanmil.or.kr
- (사) 한국인격심리치료협회 : 02) 2601-7422~4

심수명 교수 저서_도서출판 다세움

교육/상담 훈련
- 인생은 축제처럼
- 인격치료(학지사)
- 그래도 삶은 소중합니다
- 상담의 과정과 기술
- 정신역동상담
- 감수성 훈련 워크북

목회와 설교집
- 인격목회
- 상담목회
- 상담적 설교의 이론과 실제
- 감사하면 행복해집니다
- 사랑하면 행복해집니다

비전 시리즈
- 비전과 리더십
- 비전의 사람들
- 세상을 변화시키는 리더십과 팔로워십

소그룹 훈련 시리즈
- 의사소통 훈련
- 인간관계 훈련
- 거절감 치료
- 분노치료
- 행복 바이러스
- 성령의 능력으로 사는 그리스도인
- 감수성 훈련 워크북

결혼/가정 사역
- 한국적 이마고 부부치료
- 부부심리 이해
- 행복결혼학교
- 아버지 학교
- 어머니 학교
- 위대한 부모 위대한 자녀

제자훈련 시리즈 전4권
- 1권. 제자로의 발돋움
- 2권. 믿음의 기초
- 3권. 그리스도와의 동행
- 4권. 인격적인 제자로의 성장
- 전인성숙을 위한 제자훈련 시리즈 인도자 지침서

새신자용 교재
- 새로운 시작